실전모의고사
무료동영상
제공

e-Test

한글
ver.2016

2016 기본서 + e-Test 한글 수험서

임창인
이권일
성대근
강현권

공저

한솔아카데미

한글 NEO는 한글2016의 다른 이름입니다. 본 도서는 한글 NEO(2016)의 기본도서로 활용 가능하도록 구성하였습니다.

한글 NEO의 기본서 + e-Test 한글(워드프로세서)수험서

한글NEO 완벽 분석
모의고사 구성
학습 자료 제공
학습자료는 출판사 홈페이지에서 다운로드

본 도서는 e-Test 수험서 뿐 만아니라 한글NEO의 기본서로 활용할 수 있도록 구성하였습니다.

각 장의 〈중점 사항〉에는 각 장에서 제시하는 e-Test문제를 해결하기 위한 한글 기능에 대하여 기능별로 구분하여 설명하였습니다. 각 기능에 대하여 예제를 제시하고, 제시한 예제를 풀어보면서 한글NEO의 기본 기능을 설명하였습니다.
만약 각 장의〈중점사항〉에서 제시한 한글의 기능에 대하여 이미 알고 있고 문제풀이를 원한다면, 한글 기능 설명을 건너뛰고 각 장의 마지막 부분인 '따라하기'를 진행합니다.

따라하기는 각 장에서 제시하는 e-Test문제를 해결하는 방법을 순서대로 기술하였습니다.

각 장의 연습문제는 e-Test 시험 유형별로 문제를 제시하였습니다.

e-Test 한글

e-Test 한글 ver.2016

| 2016 기본서 | + | e-Test 한글 수험서 |

e-Test 한글 : 동영상강의

실전모의고사 01~10회

01회 실전모의고사 _ 유럽의 섬나라
02회 실전모의고사 _ 고추의 매력
03회 실전모의고사 _ 제주특별자치도
04회 실전모의고사 _ 게임 보고서
05회 실전모의고사 _ 사회복지
06회 실전모의고사 _ 노벨상
07회 실전모의고사 _ 금융자본주의
08회 실전모의고사 _ 자전거 사랑
09회 실전모의고사 _ 녹색생활의 실천
10회 실전모의고사 _ 또 하나의 문화

www.bestbook.co.kr

e-Test 한글 : 예제파일

본문예제 완성파일 제공

• 따라하기 결과 파일
• 실전모의고사 이미지 파일
• 연습문제 파일

www.bestbook.co.kr

무료 동영상강의 수강안내

실전 모의고사 무료 동영상 ▶ ① 실전모의고사 1~10회
② 정보검색 답안

본문 예제 완성 파일 ▶ ① 따라하기 결과 파일
② 실전모의고사 이미지 파일
③ 연습문제 파일

■ **무료수강 쿠폰번호안내**

회원 쿠폰번호	HZPS - JLL7 - MF8V

■ **e-Test 한글 동영상강의 수강방법**

① 한솔아카데미 인터넷서점 베스트북 홈페이지(www.bestbook.co.kr) 접속 후 로그인합니다.
② [주문배송] – [쿠폰입력] 메뉴에서 쿠폰번호를 입력합니다.
③ [신청하기] 버튼 클릭 후 나의강의실에서 e-Test 실전모의고사 강의수강이 가능합니다.

e-Test 소개

e-Test 란?

IT e-Business 관련 지식에서 정보분석, 활용까지 정보화 사회에서 요구되는 정보활용능력을 종합적으로 측정하는 인터넷 기반의 정보활용 실무능력 평가시험입니다.

✪ 컴퓨터 및 정보활용능력 종합평가

정보화 사회에 필요한 정보소양, 정보기술능력과 워드프로세서, 엑셀, 파워포인트 툴 및 인터넷 정보검색 등 정보활용을 종합적으로 측정할 수 있는 컴퓨터 정보활용능력 평가시험입니다.

✪ 실생활과 밀접한 과제 해결형 문제

단순 암기식 학습으로 해결할 수 있는 단편 지식을 평가하는 것이 아니라 실생활 및 업무와 밀접한 문항을 제시하여 인터넷 검색을 통해서 정보를 수집하고, 수집한 정보를 워드프로세서, 엑셀 및 파워포인트를 이용, 가공하는 형태로 검정이 진행됩니다.

✪ 신청에서 결과 확인까지 100% 인터넷으로 처리

신청서를 작성하신 후 신청서를 접수하기 위해 방문하실 필요가 없습니다. e-Test는 신청, 응시, 결과확인까지 모든 검정절차가 100% 인터넷으로 진행됩니다.

✪ 격주, 원하시는 장소에서 응시가능

e-Test는 월 2회 격주 토요일 상설시험을 실시하여 응시기회의 신청, 응시 제한을 최소화하였습니다.

✪ 자격 유효기간

2017년 이후 유효기간 평생
보수교육 폐지

✪ 서류제출 FAX번호 및 문의처

Fax : 02-2635-1040
Tel : 1899-4612

출제 기준 안내

자격별 평가과목

↳ e-Test Professionals

자격종류	과목명	평가내용	시험시간	응시료
e-Test Professionals	**워드**	**실기 : 워드**	각50분	각 24,000원
	엑셀	실기 : 엑셀		
	파워포인트	실기 : 파워포인트		

- e-Test Professionals는 각 과목별 실기시험(워드, 엑셀, 파워포인트)으로 구성되어 있어, 실무적인 정보활용능력을 평가할 수 있습니다.
- 각 과목을 한번에 응시하고자 하는 분들은 'Professionals 통합' 시험을 신청하시면 됩니다.
- e-Test Professionals 활용 OA : MS-office 2010/2016, 아래한글 2010/NEO(2016)

취득점수에 따라 자격증 부여

↳ e-Test Professionals

자격	과목명	1급	2급	3급	4급
e-Test Professionals	**워드**	**400 ~ 360점**	**359 ~ 320점**	**319 ~ 280점**	**279 ~ 240점**
	엑셀	300 ~ 270점	269 ~ 240점	239 ~ 210점	209 ~ 180점
	파워포인트	300 ~ 270점	269 ~ 240점	239 ~ 210점	209 ~ 180점

e-Test 자격 혜택

국가공인자격

대한민국 정부가 인정하는 '국가공인자격'임(2001년 1월 국가공인 취득)

국가로부터 자격기본법 제19조 제5항에 의거 자격의 관리, 운영기관으로 공인됨

✪ 학점인정자격

학점인정 등에 관한 법률 시행령 제11조 별표2호에 의거 당해 자격취득 및 자격취득에 필요한 교육과정 이수에 대하여 대학 및 전문대학에서 부여하는 학점에 상응하는 학점을 인정하는 제도

자격 취득 시 1급 : 6학점, 2급: 4학점 부여

근거 : 학점 인정 등에 관한 법률 제7조 제2항 제4호, 시행령 제11조 별표2호

(※ 학점인정여부 : 학교별 학사운영기준에 따라 상이하므로 해당 학교 학사운영과 문의 必)

✪ 대학 졸업 인증 자격

성균관대, 이화여대, 중앙대 등 여러 대학에 졸업인증자격제도로 채택

일부 대학에서는 입학 전 취득한 e-Test 자격을 인정해 줄 뿐 아니라 학교 내 대비과정이 운영되고 있으며 성적 우수자에 대하여 장학금을 수여하고 있음

✪ 군 특기적성병 인정 자격

자격 취득 시 군 특기적성병(기술행정병)으로 분류 될 수 있음

부사관 선발 직무수행평가 가산점(e-Test 2급 이상)

✪ 임직원 정보화 자격제도 채택

삼성그룹, POSCO, KT, 농협중앙회, 대한지적공사 등 유수기업과 기관의 임직원 정보활용능력평가 자격으로 운영

✪ e-Test Professionals 워드프로세서 출제 기준(실기 400점)

평가 항목		세부 내용	배점
용지 설정 지정하기	1	**용지 설정 및 여백 설정**	36점
	2	**응시자명 입력** – 머리글/바닥글(머리말/꼬리말) 사용 – 응시자명 입력, 위치 지정, 글자서식 지정	
	3	**페이지(쪽) 번호 입력** – 시작번호 유형 지정	
	4	– 번호 자동 추가 지정	
자료 입력과 서식 지정하기	1	**제목 작성** – 텍스트상자(글상자, 이동글틀) 사용, 내부색, 테두리 지정 – 내용 입력, 글꼴, 글꼴크기, 글자색, 정렬 지정 – 장평 지정	16점

	2	**본문 내용 입력** – 글꼴, 글꼴크기 지정 – 들여쓰기 지정 – 한자변환 – 줄 간격 지정	48점
	3	**소제목 입력** – 내용 입력, 글꼴, 글꼴크기, 글자색 지정 – 기호문자 입력 – 음영(바탕색상) 지정	16점
	4	**소제목 내용 입력** – 글꼴, 글꼴크기, 글머리기호, 문단 위/아래 간격 지정	24점
	5	**각주/미주 작성** – 각주/미주 작성할 문자 지정, 내용 입력	20점
	6	**이미지 삽입** – 이미지 삽입, 이미지 크기, 이미지 테두리, 이미지 위치, 이미지 여백 지정	40점
	7	**하이퍼링크 작성** – 정해진 위치에 제시된 문자 입력 – 제시된 웹 주소로 하이퍼링크 지정	20점
표와 차트 작성하기	1	**표제목 작성** – 페이지 나누기 – 워드아트(글맵시, 글자꾸미기), 크기, 전체모양 지정 – 내용 입력, 글꼴, 글자색 지정	40점
	2	**표1 작성** – 표 작성, 셀 병합, 셀 정렬, 대각선, 테두리선 지정 – 내용 입력, 글꼴, 글꼴크기, 글자색/글자유형, 셀 내부색 지정 – 캡션 삽입	60점
	3	**표2 및 차트 작성** – 표 작성, 내용 입력, 표 수식 지정 – 캡션 삽입 – 차트 작성, 차트 종류 지정 – 차트 크기 및 위치, 범례 유무	40점
정보검색과 답안 작성하기	1	**검색 URL 입력 및 화면 캡처** – 페이지 나누기 – 정보검색 1 : 내용 입력, URL 입력, 화면 캡처 – 정보검색 2 : 내용 입력, URL 입력, 화면 캡처	10점
	2	**내용 검색1** – 검색한 페이지의 URL 등록정보 입력 및 화면 캡처	15점
	3	**내용 검색2** – 검색한 페이지의 URL 등록정보 입력 및 화면 캡처	15점
총점			**400점**

⏱ e-Test 응시 방법

1. 감독관의 지시에 따라 URL을 입력하고, 수험번호와 성명을 입력하면 실기시험 화면 배치를 선택하는 화면이 나타납니다. [가로형 배치 선택]과 [세로형 배치 선택] 중 하나를 선택하고 [시험응시]를 클릭합니다.

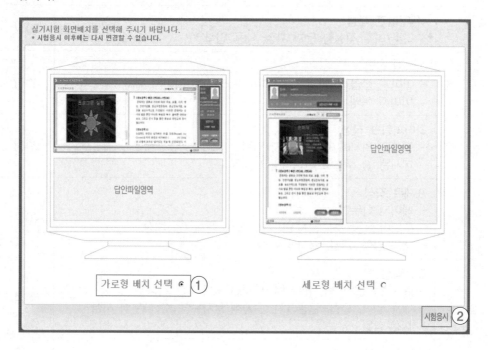

2. [가로형 배치 선택]를 선택하면 아래와 같이 시험화면이 나타납니다. 시험에 사용할 자료를 읽어오기 위하여 [첨부파일보기(①)]를 클릭합니다. 문제 화면의 글씨나 이미지의 크기는 ②에서 조절할 수 있습니다.

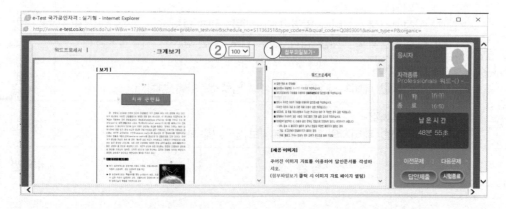

3. [첨부파일]을 저장하기 위하여 파일이름을 클릭합니다.

4. [다른 이름으로 사진 저장]을 클릭하여 바탕화면에 이미지를 저장합니다.

5. 한글을 열고, 문제의 화면 배치를 고려하여, 한글 화면의 크기를 조절한 후, 파일을 '응시자 본인' 이름으로 바탕화면에 저장합니다(단, 감독관의 별도 지시가 있으면 지시하는 폴더에 저장합니다).

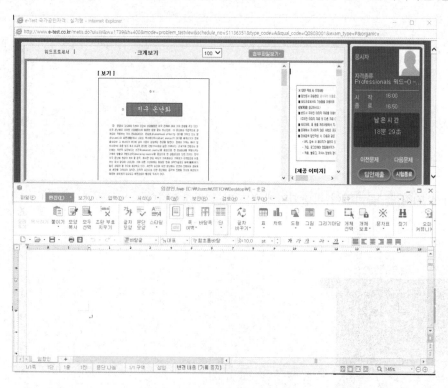

6. 문제를 모두 작성하면, 저장한 후 [답안제출] 버튼을 클릭합니다.

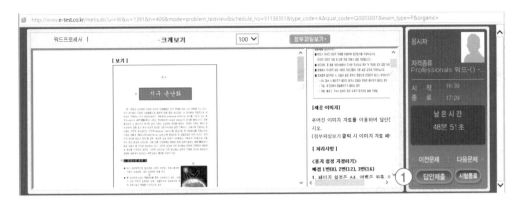

답안제출 화면에서 [파일찾기]를 클릭하여 본인 이름으로 저장된 파일을 찾아 [열기]를 클릭합니다. 파일이름이 정확한지 확인하고 [파일등록] 버튼을 클릭하여 답안지를 제출합니다.

7. [시험종료] 버튼을 클릭, 확인하여 감독관에게 시험이 끝났음을 알립니다.

＊참고
제출한 답안지를 확인하고, 수정하여 다시 제출 할 수 있습니다.
시험 문제는 [문제보기] 버튼을 클릭하면 다시 볼 수 있습니다.

CONTENS

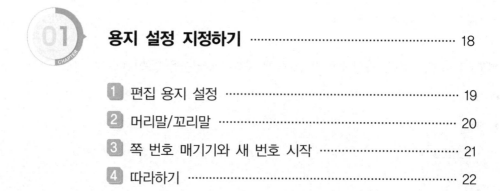

CONTENS

Part I

한글 NEO 기본

한글 NEO

1 한글 NEO 화면구성

01 화면 구성

[한글 NEO]의 기본화면입니다.

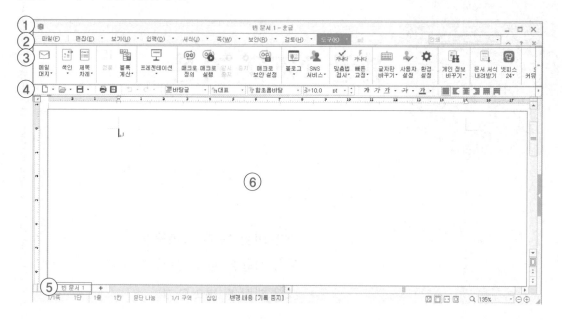

① 제목

프로그램의 제목과 최소화, 최대화, 닫기 단추가 나타납니다.

② 메뉴

프로그램에서 사용하는 메뉴를 기능별로 묶어 놓은 곳입니다.

③ 기본 도구 상자

각 메뉴에서 자주 사용하는 기능을 그룹별로 묶어서 메뉴 탭 형식으로 제공합니다. 기본적으로는 메뉴별 열림 상자가 나타나며, 상황에 따라 개체별, 상태별 열림 상자가 나타납니다.

④ 서식 도구 상자

문서 편집 시 자주 사용하는 기능을 아이콘으로 표시한 곳입니다.

⑤ 문서 탭

작성 중인 문서와 파일명을 표시합니다.

파일 이름이 저장하지 않은 문서는 빨간색, 자동 저장된 문서는 파란색, 저장 완료된 문서는 검은색으로 표시됩니다.

⑥ 편집 창

글자나 그림과 같은 내용을 넣고 꾸미는 작업 공간입니다

02 유용한 단축키 목록

단축키	기능
Ctrl + F10	문자표
F7	편집용지
Ctrl + C	복사하기
Ctrl + V	붙이기
Ctrl + Z	되돌리기
Ctrl + Shift + Z	다시 실행
Alt + L	글자모양
Alt + T	문단모양
Ctrl + 1	바탕글 스타일 적용
Ctrl + Enter↵	쪽(페이지) 나누기
Ctrl + N, T	표 만들기
Ctrl + S / Alt + S	저장하기
Ctrl + B	굵게/굵게 해제
Ctrl + Shift + L	왼쪽 정렬
Ctrl + Shift + R	오른쪽 정렬
Ctrl + Shift + C	가운데 정렬

03 빠른 메뉴

편집 창에서 마우스 오른쪽 단추를 누르면 보이는 메뉴입니다.

편집하는 대상인 텍스트, 개체, 표에 따라 서로 다른 내용의 빠른 메뉴가 나타납니다.

바로가기 메뉴, 팝업 메뉴라고 부르기도 합니다.

2 메뉴와 도구상자

한글은 서로 관련 있는 기능을 그룹으로 나누어 각 그룹을 파일, 편집, 보기, 입력, 서식, 쪽, 보안, 검토, 도구 등 9개의 주 메뉴와 문서에 삽입된 개체(표, 그림, 도형 등)와 관련된 추가 메뉴로 구성됩니다.

한글은 동적으로 변화하는 열림 상자와 자주 사용하는 기능을 모은 서식 도구 상자를 제공합니다.

또한 마우스 오른쪽 단추를 누르면 그 상태에서 실행할 수 있는 기능을 단축키와 함께 보여 주는 빠른 메뉴가 나타나고, 펼침 단추(▼)를 클릭하면 하위 메뉴가 나타나 원하는 메뉴를 선택할 수 있습니다.

01 [파일]메뉴

새 문서 시작하기, 불러오기, 저장하기, 인쇄 등 파일에 관련된 명령어를 실행하거나, 문서를 점자 문서로 바꾸고, 점자로 바꾼 문서를 인쇄하거나 저장할 수 있습니다.

한글, 영문, 숫자는 점자로 바꿀 수 있으나 미주, 각주, 메모, 개체로 표현된 내용은 점자로 바꿀 수 없고, 점자 문서를 원본 문서로 다시 바꿀 수는 없습니다.

02 [편집]메뉴

자료의 편집과 관련된 되돌리기, 다시실행, 오려두기, 복사하기, 붙이기, 모양복사, 찾기, 찾아바꾸기 등의 명령어를 표시하는 도구 상자가 펼쳐집니다.

03 [보기]메뉴

편집하는 문서의 쪽 윤곽 보기, 문단부호와 조판 부호 보기, 화면 확대/축소 등 여러 가지 화면
보기 방법을 제공합니다.

04 [입력]메뉴

표, 차트, 그림, 글상자, 글맵시, 수식, 동영상, 각주, 미주 등 문서에 필요한 개체를 삽입하는 기능
을 제공합니다.

05 [서식]메뉴

글자 모양, 문단 모양, 문단 첫 글자 장식, 문단 번호 모양, 문단 수준 증가/감소 등의 기능을 제공
합니다.

06 [쪽]메뉴

문서에 관련된 용지의 크기 및 여백, 문서의 머리말/꼬리말, 페이지 번호, 다단 설정, 구역 등에
관련된 기능을 제공합니다.

07 [보안]메뉴

문서에 암호를 설정하거나, 쓰기와 인쇄를 제한하는 배포용으로 문서를 저장하거나 보안문서로 저장하는 등의 기능을 제공합니다.

08 [검토]메뉴

교정 부호 및 메모, 사전 사용, 영어/일본어/베트남어/중국어 등으로 번역 등의 기능을 제공합니다.

09 [도구]메뉴

문서의 완성도를 높이기 위한 맞춤법과 교정, 반복된 내용의 효과적인 작성을 위한 메일머지, 색인과 차례 만들기, 블록계산 등의 기능을 제공합니다.

10 [표]메뉴

표 메뉴는 문서에 표를 삽입하면 나타납니다. 차트 만들기, 표/셀 속성, 선색, 채우기 색, 셀 나누기/합치기 등의 기능을 제공합니다.

③ 저장과 불러오기

01 저장하기(Alt+S)

문서를 저장하기 위하여 서식 도구 상자의 ☐(저장하기)를 클릭하거나 [파일]메뉴의 [저장하기]를 클릭합니다.

기존에 있던 파일을 읽어서 수정을 하였을 경우 ☐(저장하기)를 클릭하면 기존 파일에 수정된 내용이 저장됩니다.

새 문서는 파일이름이 '빈 문서'로 되어있습니다. 문서 작성 후 처음으로 ☐(저장하기)를 클릭하면 [다른 이름으로 저장하기]로 이동합니다.

02 다른 이름으로 저장하기(Alt+V)

[파일]메뉴의 [다른 이름으로 저장하기]를 클릭합니다. [다른 이름으로 저장하기]대화상자에서 저장 위치를 지정하고 저장 이름 입력한 후 [저장]을 클릭합니다.

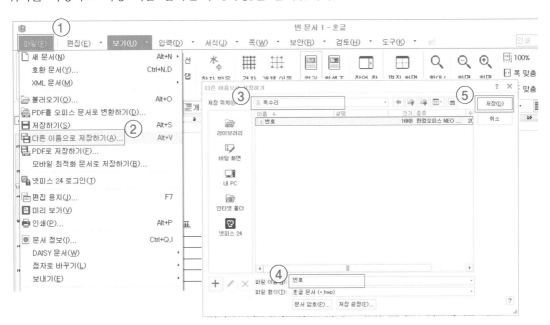

03 불러오기(Alt+O)

[파일]메뉴의 [불러오기]를 클릭합니다. [불러오기]대화상자에서 파일의 찾을 위치와 파일이름을 선택하고 [열기]를 클릭합니다.

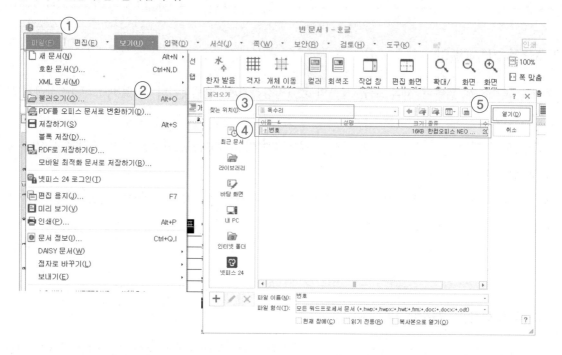

4 인쇄

서식 도구 상자의 🖶(인쇄) 혹은 [파일]메뉴의 [인쇄]를 클릭하거나 단축키 (Alt)+(P)를 누릅니다.

출력 가능한 프린터를 선택하고, 인쇄 범위와 인쇄 매수 등을 지정하고 [인쇄]를 클릭합니다.

[설정]을 클릭하여 선택한 프린터에서 출력하는 문서의 속성을 지정할 수 있습니다.

Part II

e-Test 한글 NEO

e-Test 한글 문제 유형

워드프로세서

※ 답안 작성 시 주의사항

- 답안문서 파일명은 응시자의 이름으로 저장하십시오.
- 워드프로세서의 기능들을 이용하여 [처리사항]대로 답안문서를 작성하십시오.
  ([보기]를 참고하시오.)
- 반드시 주어진 이미지 자료를 이용하여 답안문서를 작성하십시오.
  (주어진 이미지 자료 외 다른 자료 이용시 감점 처리됩니다.)
- 워드아트, 표 등을 처리사항에서 지시한 갯수이상 여러 개 작성한 경우 감점 처리됩니다.
- 문제에서 지시하지 않은 사항은 프로그램의 기본 설정 값으로 지정하십시오.

[제공 데이터]

주어진 이미지 자료를 이용하여 답안문서를 작성하시오.

(첨부파일보기 클릭시 이미지 자료 페이지 열림)

[보기]	[처리사항]

⑨ - Ⅳ -
 	
② **전통차 연구**
 	
③ 차(tea)의 기원(origin)으로 가장 믿을 만하게 견해지는 것은 전한(前漢)의 선제 때 왕포라는 선비가 만든 노예매매계약서이다. 이것은 무양에 가서 차를 사오는 일과 손님이 오면 차를 달여서 대접(entertainment)하는 일에 대한 기록으로 이 계약서(contract)에 의해 차 마시는 풍습(custom)이 이 시대에 있었음을 알 수 있다. 우리나라에 차가 전파되었다는 기록(record)은 김해의 백월산에 있는 죽로차(竹露茶)에 대한 것으로, 가락국 김수로왕의 비인 허왕후가 인도에서 가져온 차 씨에서 비롯되었다는 전설(legend)이 이능화의 '조선불교통사'에 적혀 있다. 또한 유럽에 중국의 차가 알려진 호시는 1559년 베네치아의 저술가인 G.라무시오의 '항해와 여행'에 의해서였다. 차는 발효(ferment) 정도에 따라 불발효차, 반발효차, 발효차, 그리고 후발효차로 구분되는데, 우리가 흔히 녹차라고 하는 것은 불발효차이다. 녹차를 제조하기 위해서는 딴 잎을 즉시 가열하거나 산화 효소를 파괴시켜 녹색을 그대로 유지하여야 하며 동시에, 수분을 증발(evaporation)시켜 잎을 흐늘흐늘하게 말기 좋은 상태로 말려야 한다. 녹차는 채취시기에 따라 우전, 세작, 중작, 대작으로 나뉘며, 암 발생 억제효과, 콜레스테롤 제거효과, 충치 예방효과, 동맥경화 억제작용의 효과가 있다.
 	
④ ※ 녹차 만드는 방법 ※
 	
⑦
◆ 덖음차는 생잎을 솥에서 덖고, 비비고, 건조하여 만들어지는 차로 예로부터 우리나라에서 즐겨 마시던 차를 말한다.
◆ 증제차는 찻잎을 100도 정도 고압의 수증기로 30에서 40초 정도 쪄서 가공한다. ⑤
 	
⑧ 하이퍼링크
 	
⑥ a 폐소 : 생물을 새로 만들어 함 넣어 만든 퍼한 반응 또 원작 투실을 하는 그룹가 화합물을 물들어 이르는 일
b 전해 : 음ㆍ나무, 광의 입자를 잃어 빠지나 깨지나 하여 없어 냄
 	
① ○○○
	〈용지 설정 지정하기〉
	배점 1번(8), 2번(12), 3번(16)
	
	1. 페이지 설정은 A4로, 여백은 위쪽, 아래쪽 20mm, 왼쪽, 오른쪽 20mm로 지정하시오.
	2. [보기] ①과 같이 머리말/꼬리말 기능을 이용하여 작성하시오.
	  1) 모든 쪽의 하단 가운데에 '○○○(응시자 본인의 이름)'을 입력하시오.
	  2) 글꼴은 돋움체, 글자 크기는 14pt
	3. [보기] ⑨와 같이 모든 쪽의 상단 가운데에 페이지 (쪽) 번호를 입력하시오.
	  1) 페이지 시작번호는 '-Ⅳ-'로 지정
	  2) 페이지 추가시 자동으로 입력

[보기]	[처리사항]

	〈자료 입력과 서식 지정하기〉
	배점 1번(16), 2번(48), 3번(16), 4번(24), 5번(20), 6번(40), 7번(20)
	
	1. [보기] ②와 같이 글상자를 이용하여 제목을 작성하시오.
	  1) 제목은 '전통차 연구'로 입력
	  2) 글꼴은 궁서체, 글자 크기는 30pt, 글자 색은 기본-하양, 장평은 110%, 가로 가운데 정렬
	  3) 글상자의 내부색은 오피스-초록, 외곽선은 실선으로 지정하고, 선 색은 기본-검정, 선 굵기 0.4mm
	
	2. [보기] ③과 같이 아래의 내용을 입력하시오.
	  차(tea)의 기원(origin)으로 가장 믿을 만하게 전해지는 것은 전한의 선제 때 왕포라는 선비가 만든 노예매매계약서이다. 이것은 무양에 가서 차를 사오는 일과 손님이 오면 차를 달여서 대접(entertainment)하는 일에 대한 기록으로 이 계약서(contract)에 의해 차 마시는 풍습(custom)이 이 시대에 있었음을 알 수 있다. 우리나라에 차가 전파되었다는 기록(record)은 김해의 백월산에 있는 죽로차에 대한 것으로, 가락국 김수로왕의 비인 허왕후가 인도에서 가져온 차 씨에서 비롯되었다는 전설(legend)이 이능화의 '조선불교통사'에 적혀 있다. 또한 유럽에 중국의 차가 알려진 효시는 1559년 베네치아의 저술가인 G.라무시오의 '항해와 여행'에 의해서였다. 차는 발효(ferment) 정도에 따라 불발효차, 반발효차, 발효차, 그리고 후발효차로 구분되는데, 우리가 흔히 녹차라고 하는 것은 불발효차이다. 녹차를 제조하기 위해서는 딴 잎을 즉시 가열하여 산화 효소를 파괴시켜 녹색을 그대로 유지하여야 하며 동시에, 수분을 증발(evaporation)시켜 잎을 흐늘흐늘하게 말기 좋은 상태로 말려야 한다. 녹차는 채취시기에 따라 우전, 세작, 중작, 대작으로 나뉘며, 암 발생 억제효과, 콜레스테롤 제거효과, 충치 예방효과, 동맥경화 억제작용의 효과가 있다.
	  1) 글꼴은 굴림체, 글자 크기는 11pt
	  2) 내용의 첫 줄 33pt 들여쓰기
	  3) 줄 간격은 고정 값, 18pt

[보기]	[처리사항]
	4) 한자변환 　　전한 −〉 전한(前漢) 　　죽로차 −〉 죽로차(竹露茶) 3. [보기] ④와 같이 소제목을 입력하시오. 　1) 소제목은 '녹차 만드는 방법'으로 입력 　2) 소제목 앞뒤에 '☆' 기호문자 삽입 　3) 글꼴은 궁서체, 글자 크기는 14pt, 글자 색은 기본 　　−하양 　4) 글자의 음영은 '기본−검정'으로 지정 4. [보기] ⑤와 같이 아래의 내용을 입력하시오. 　1) 〈입력 내용〉 　　덖음차는 생잎을 솥에서 덖고, 비비고, 건조하여 　　만들어지는 차로 예로부터 우리나라에서 즐겨 마 　　시던 차를 말한다. 　　증제차는 찻잎을 100도 정도 고압의 수증기로 30 　　에서 40초 정도 쪄서 가공한다. 　2) 글머리표로 '◆'을 지정 　3) 글꼴은 돋움체, 글자 크기는 11pt 　4) 문단 아래 간격은 11pt 5. [보기] ⑥과 같이 각주를 작성하시오. 　1) 본문의 '효소'와 '채취'에 작성하시오. 　2) 각주의 위치는 페이지 아래쪽 　3) 〈각주 입력 내용〉 　　효소 : 생물의 세포 안에서 합성되어 모든 화학 　　　　　반응의 매체 구실을 하는 고분자 화합물 　　　　　을 통틀어 이르는 말 　　채취 : 풀, 나무, 광석 따위를 찾아 베거나 캐거나 　　　　　하여 얻어 냄 　4) 글꼴은 굴림체, 글자 크기는 9pt 　5) 각주 번호 모양은 'a'로 지정 6. [보기] ⑦과 같이 주어진 이미지를 이용하여 작성하 　시오. 　1) 주어진 '전통차이미지'를 삽입 　2) 이미지의 크기는 너비 50mm, 높이 40mm

[보기]	[처리사항]

[보기]

- v -

⑩@전통차종류와특성@

⑪ 표 (구분/감잎차/국화차/유자차/비고)

표 1

⑫ 생산량(단위:천) 표

⑬ 차트

ㅇㅇㅇ

[보기]⑪을 확대한 그림

구분	감잎차	국화차	유자차	비고
특성	비타민 C 대량 함유	전국 야산에 분포	탄수화물의 당분 대량 함유	
성분	비타민 C 및 B, 무기질의 칼슘	정유, Adenine, Choline		
효능	감기예방	피로한 눈, 백내장에 효과적	소화촉진, 감기예방	

[처리사항]

  3) 삽입된 이미지의 테두리를 기본-검정, 실선, 2mm로 지정
  4) 이미지가 내용의 왼쪽에 위치하도록 지정하고 바깥 여백은 위쪽/아래쪽/왼쪽/오른쪽을 3mm로 지정 (반드시 그림서식에서 지정할 것)

7. [보기] ⑧과 같이 하이퍼링크를 다음 요구에 따라 작성하시오.
  1) 삽입된 그림 아래 행에 '하이퍼링크'라고 입력
  2) 입력한 '하이퍼링크'에 e-Test 홈페이지를 하이퍼링크로 연결
   (e-Test 홈페이지 : http://www.e-test.co.kr)

〈표와 차트 작성하기〉
배점 1번(40), 2번(60), 3번(40)

1. [보기] ⑩과 같이 다음 페이지에 글맵시를 이용하여 표제목을 작성하시오.
  1) 표제목은 '@ 전통차 종류와 특성 @'으로 입력
  2) 글꼴은 궁서체, 글자 내부색은 기본-바다색
  3) 전체 모양은 ■, 크기는 너비 130mm, 높이 16mm

2. [보기] ⑪과 같이 표를 작성하시오. (4행 5열)
  1) 셀 합치기를 지정하시오.
   - 2행 4열 ~ 3행 4열은 셀 합치기
   - 2행 5열 ~ 4행 5열은 셀 합치기
  2) [보기] ⑪을 확대한 그림을 보고 표 전체의 내용을 입력하고, 글꼴은 돋움체, 글자 크기는 11pt로 지정
  3) 1행 1열 ~ 1행 5열의 글자 색은 기본-하양, 내부색은 오피스-빨강, 가로 가운데 정렬로 지정
  4) 합친 2행 5열 ~ 4행 5열은 [보기] ⑪과 같이 양방향대각선 삽입
  5) 테두리를 아래 조건에 맞게 지정하시오.
   - 표 전체의 외곽 테두리선은 [보기] ⑪과 같이 이중 실선
   - 표 전체의 내부 세로선은 [보기] ⑪과 같이 점선
  6) 표 아래 가운데에 '표 1'로 캡션을 지정

[보기]	[처리사항]

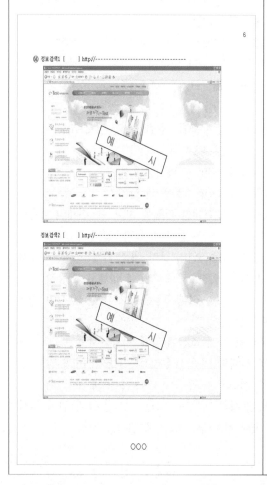

[처리사항]

3. [보기] ⑫와 같은 표와 [보기] ⑬과 같은 차트를 작성하시오. (그림, 외부개체로 입력되면 감점됨)

1) [보기] ⑫와 같이 4행 4열 표를 작성하시오.

생산량(단위:천)	세계	중국	합계
2016년	5,896	2,326	
2017년	6,048	2,473	
2018년	6,338	2,626	

2) 표 전체의 내용을 입력하고, 글꼴은 돋움체, 글자 크기는 11pt로 지정

3) 표 아래 가운데에 '표 2'로 캡션을 지정

4) 작성한 표의 2행 4열부터 4행 4열은 표의 수식 입력 기능으로 합계를 구하시오.

5) 1)번에서 작성한 표에서 합계를 제외한 생산량(단위:천)과 세계를 이용하여 [보기] ⑬과 같이 차트를 작성하시오.
   - 차트의 종류 : 묶은 세로 막대형(2차원 세로 막대형)
   - 범례는 위쪽으로 지정
   - 차트 크기는 너비 100mm, 높이 70mm
   - 차트 위치는 표의 아래쪽

〈정보검색과 답안 작성하기〉
배점 1번(10), 2번(15), 3번(15)

1. [보기] ⑭와 같이 다음 페이지에 검색한 내용을 다음 요구에 따라 작성하시오.

1) '정보검색1 [   ] http://––––––––––––'
   '정보검색2 [   ] http://––––––––––––'
   - [   ] 안에 [정보검색]1과 [정보검색]2의 정답을 차례로 입력
   - 반드시 [   ]와 함께 정보검색 답안을 입력
   - [보기] ⑭와 같이 각각의 입력한 답안 아래에 정답이 있는 화면을 'PrintScreen'키를 이용하여 캡처한 후, 'Ctrl+V'로 답안문서에 붙여넣으시오. (크기는 [보기]와 같이 임의로 조절하시오.)

2. [정보검색]1은 아래 검색 문제로 작성하시오.
   한국의 전통차 중의 하나인 작설차는 4월 하순에 피

[보기]	[처리사항]
	어나는 찻잎 중 어린 새순만을 따서 덖거나 찌고 여러 차례 손으로 비벼서 만든 차(茶)로, 찻잎의 모양이 (　　)의 혀 모양을 닮았다고 해서 붙여진 이름이다. 이 차(茶)를 조선시대에는 고다(苦茶) 또는 산차(散茶)라고도 하였으며 따는 시기와 규격, 제조하는 과정에 따라 감로, 특성, 경선, 녹선 등으로 구분한다 　　– (　　) 안에 해당하는 내용을 검색하고, 반드시 검색한 내용이 포함된 페이지의 등록정보 URL과 함께 답안문서에 입력하시오. 　　– 반드시 한글 2자로 입력하시오. 3. [정보검색]2는 아래 검색 문제로 작성하시오. 　《삼국사기》에 따르면 우리나라에 차가 전래된 것은 통일신라시대로 (　)왕 때 사신인 대렴이 귀국하는 길에 차의 종자를 가져왔으며, 왕명으로 이 차의 종자를 지리산 남쪽 지역에 심어 재배하도록 하였다고 한다. 이전부터 우리나라의 차는 있었으나 이 때에 이르러 번성하게 되었다고 전하고 있다. 　　– (　　) 안에 해당하는 내용을 검색하고, 반드시 검색한 내용이 포함된 페이지의 등록정보 URL과 함께 답안문서에 입력하시오. 　　– 반드시 한글 2자로 입력하시오.

이미지 유형

e – Test 한글(워드프로세서) 시험문제에서 [첨부파일보기]로 제공되는 이미지의 형태는 다음과 같습니다.

용지 설정 지정하기

한글 NEO

[보기]	[처리사항]
	〈용지 설정 지정하기〉 배점 1번(8), 2번(12), 3번(16) 1. 페이지 설정은 A4로, 여백은 위쪽, 아래쪽 20mm, 왼쪽, 오른쪽 20mm로 지정히시오. 2. [보기] ①과 같이 머리말/꼬리말 기능을 이용하여 작성하시오. 　1) 모든 쪽의 하단 가운데에 '○○○(응시자 본인의 이름)'을 입력하시오. 　2) 글꼴은 돋움체, 글자 크기는 14pt 3. [보기] ⑨와 같이 모든 쪽의 상단 가운데에 페이지(쪽) 번호를 입력하시오. 　1) 페이지 시작번호는 'Ⅳ'로 지정 　2) 페이지 추가시 자동으로 입력

〈용지 설정 지정하기〉의 중점사항

1. 편집 용지 설정
2. 머리말/꼬리말
3. 쪽 번호 매기기와 새 번호 시작
4. 따라하기

☞ **중점사항** 내용을 알고 있으면 **따라하기**로 이동하세요.

1 편집 용지 설정

편집 용지 설정은 문서를 어느 크기의 종이에 편집할 것인지, 종이를 좁게 쓸 것인지 넓게 쓸 것인지, 그리고 종이의 상하/좌우에 어느 정도 여백을 남길 것인지 등을 지정하는 기능입니다.

[쪽]메뉴의 [편집용지], [파일]메뉴의 [편집용지] 혹은 단축키 F7을 누릅니다.

[편집 용지]대화상자의 [기본]탭에서 용지 종류와 용지 방향, 용지 여백을 설정합니다.

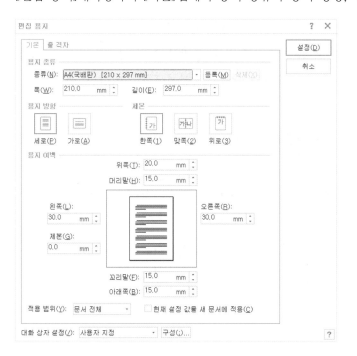

● 참고 >→ [편집 용지]대화상자의 적용 범위
적용범위는 현재 편집 문서의 구역, 커서 위치, 블록 설정 상태 등에 따라 각각 편집 용지를 설정할 수 있는 범위를 지정합니다.
적용범위에서 [문서 전체]를 선택하면 현재 문서가 2개 이상의 구역으로 나뉘어 있어도 문서 전체에 대하여 설정 값이 적용됩니다.

2 머리말/꼬리말

문서의 위와 아래에 한두 줄의 내용이 쪽마다 고정적으로 표시되는 것이 있는데, 이것이 [머리말]과
[꼬리말]입니다. 머리말/꼬리말에는 문서의 제목, 쪽 번호 등을 넣을 수 있습니다.

[쪽]메뉴의 [머리말] 혹은 [꼬리말]의 [머리말/꼬리말]을 클릭합니다.

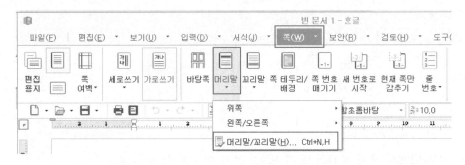

[머리말/꼬리말]대화상자에서 종류와 위치를 선택하고 [만들기]를 클릭합니다. 머리말 입력 화면이
나타나면 머리말 내용을 입력하고, [머리말/꼬리말 닫기]를 클릭하여 본문으로 돌아갑니다.

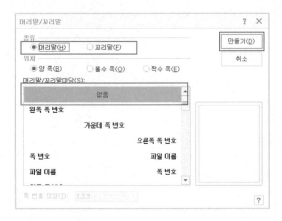

🖐 **참고** ›› [머리말/꼬리말]시작위치

[머리말]과 [꼬리말]은 커서가 있는 쪽부터 삽입됩니다.
예를 들어 문서의 5쪽에서 [머리말] 혹은 [꼬리말]을 삽입하면 5쪽부터 [머리말] 혹은 [꼬리말]이 나타나고
1~4쪽에는 표시되지 않습니다.

③ 쪽 번호 매기기와 새 번호 시작

[쪽 번호 매기기]는 문서에 쪽 번호를 자동으로 매겨 주는 기능입니다

[쪽]메뉴의 [쪽 번호 매기기]를 클릭합니다.

번호 위치에서 ①은 모든 쪽의 동일한 위치에 번호를 매겨주고, ②는 홀수 쪽과 짝수 쪽을 구분하여 각각의 위치에 번호 모양으로 번호를 매겨줍니다.

번호 모양과 시작 쪽 번호를 선택합니다.

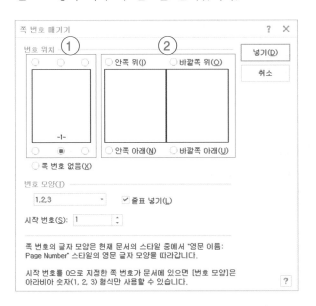

번호모양 종류

⬤ 참고 ⇢ [쪽 번호 매기기] 시작위치
- [쪽 번호 매기기]는 현재 커서 위치에 상관없이 문서의 모든 쪽에 번호를 매깁니다.
- 쪽 번호 삭제는 [쪽 번호 위치]라는 조판 부호를 찾아서 지웁니다.
- 특정한 쪽에 페이지 번호를 표시하지 않으려면 [쪽]메뉴의 [현재 쪽만 감추기]를 클릭하여 감출 내용을 선택합니다.

결과파일 : 따라하기NEO\1장따라하기결과.hwp

> 1. 페이지 설정은 A4로, 여백은 위쪽, 아래쪽 20mm, 왼쪽, 오른쪽 20mm로 지정하시오.

1. 한글 NEO를 실행하고 [파일]탭을 클릭합니다.

[파일] – [다른 이름으로 저장하기] – [다른 이름으로 저장]대화상자에서 저장할 위치를 지정 – [파일 이름]에 저장하고자 하는 이름(여기서는 본인의 이름) 입력 – [저장] 클릭

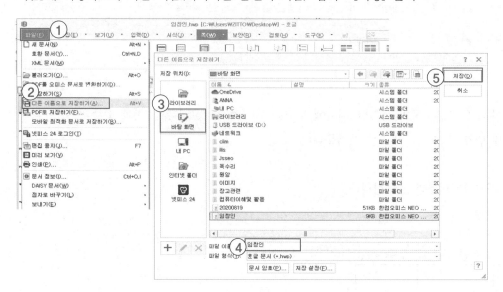

2. F7(편집 용지) – [편집 용지]대화상자에서 용지 종류의 종류를 A4, 용지 여백의 위쪽 20mm, 아래 쪽 20mm, 왼쪽 20mm, 오른쪽 20mm를 각각 입력 – [설정] 클릭

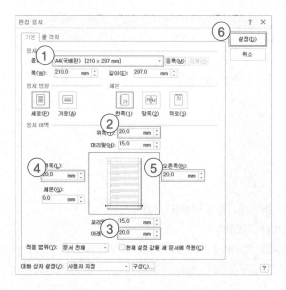

2. [보기] ①과 같이 머리말/꼬리말 기능을 이용하여 작성하시오.
  1) 모든 쪽의 하단 가운데에 'OOO(응시자 본인의 이름)'을 입력하시오.
  2) 글꼴은 돋움체, 글자 크기는 14pt

1. [쪽]메뉴 – [꼬리말] – '모양 없음' 클릭

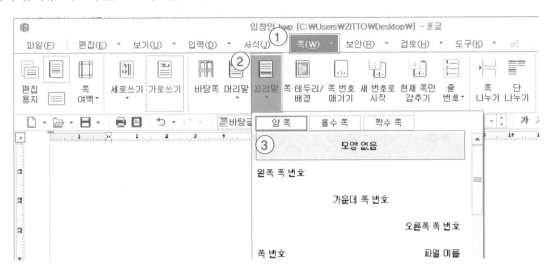

2. 꼬리말 입력 영역에 응시자이름(본인이름) 입력 – 입력한 이름 블록 – 글꼴 : 돋움체, 글자 크기 :
   14, 가운데 정렬 – [머리말/꼬리말] 닫기 클릭

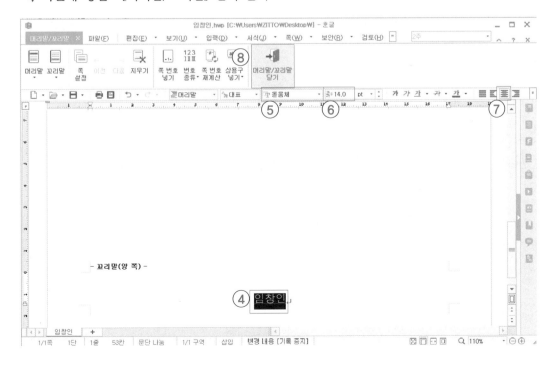

3. [보기] ⑨와 같이 모든 쪽의 상단 가운데에 페이지(쪽) 번호를 입력하시오.
   1) 페이지 시작번호는 '–Ⅳ–'로 지정
   2) 페이지 추가시 자동으로 입력

1. [쪽]메뉴 – [쪽 번호 매기기] – [쪽 번호 매기기]대화상자의 번호 위치에서 상단 가운데 위치 선택 –
   번호 모양에서 I, II, III 선택 – 시작 번호에 4입력 – 줄표 넣기 선택 – [넣기] 클릭

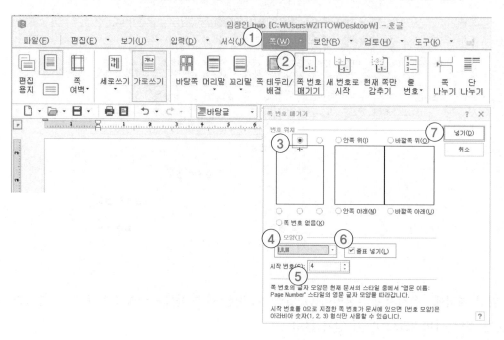

2. ⑨와 같이 쪽 번호가 입력된 것을 확인

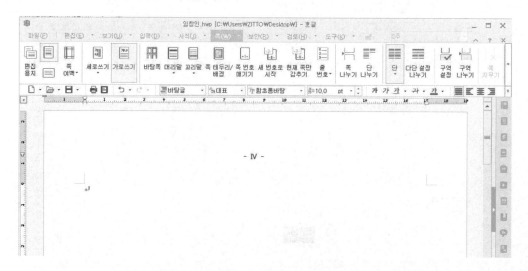

연습문제 1

결과파일 : 연습문제NEO \ 연습-1장1번.hwp

[보기]	[처리사항]

[보기]

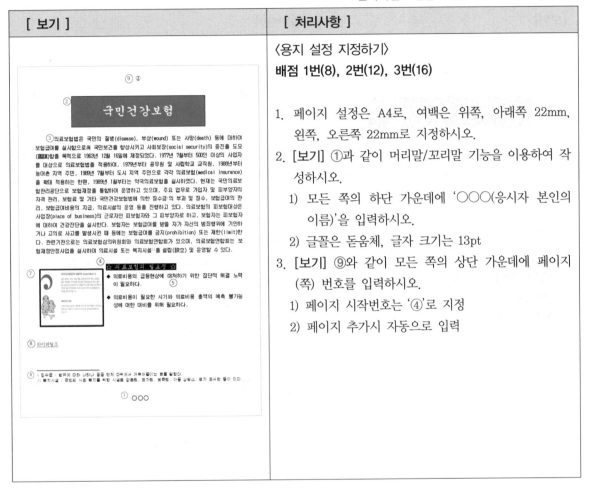

[처리사항]

〈용지 설정 지정하기〉
배점 1번(8), 2번(12), 3번(16)

1. 페이지 설정은 A4로, 여백은 위쪽, 아래쪽 22mm, 왼쪽, 오른쪽 22mm로 지정하시오.
2. [보기] ①과 같이 머리말/꼬리말 기능을 이용하여 작성하시오.
   1) 모든 쪽의 하단 가운데에 '○○○(응시자 본인의 이름)'을 입력하시오.
   2) 글꼴은 돋움체, 글자 크기는 13pt
3. [보기] ⑨와 같이 모든 쪽의 상단 가운데에 페이지 (쪽) 번호를 입력하시오.
   1) 페이지 시작번호는 '④'로 지정
   2) 페이지 추가시 자동으로 입력

연습문제 2

결과파일 : 연습문제NEO \ 연습-1장2번.hwp

[보기]

[처리사항]

〈용지 설정 지정하기〉
배점 1번(8), 2번(12), 3번(16)

1. 페이지 설정은 A4로, 여백은 위쪽, 아래쪽 23mm, 왼쪽, 오른쪽 21mm로 지정하시오.
2. [보기] ①과 같이 머리말/꼬리말 기능을 이용하여 작성하시오.
    1) 모든 쪽의 하단 오른쪽에 '○○○(응시자 본인의 이름)'을 입력하시오.
    2) 글꼴은 궁서체, 글자 크기는 13pt
3. [보기] ⑨와 같이 모든 쪽의 상단 오른쪽에 페이지 (쪽) 번호를 입력하시오.
    1) 페이지 시작번호는 '3'으로 지정
    2) 페이지 추가시 자동으로 입력

자료 입력과 서식 지정하기

한글 NEO

[보기]	[처리사항]

[보기]

⑨ - Ⅳ -

② 전통차 연구

③ 차(tea)의 기원(origin)으로 가장 믿을 만하게 전해지는 것은 전한(前漢)의 선제 때 왕포라는 선비가 만든 노예매매계약서이다. 이것은 무양에 가서 차를 사오는 일과 손님이 오면 차를 달여서 대접(entertainment)하는 일에 대한 기록으로 이 계약서(contract)에 의해 차 마시는 풍습(custom)이 이 시대에 있었음을 알 수 있다. 우리나라에 차가 전파되었다는 기록(record)은 김해의 백월산에 있는 죽로차(竹露茶)에 대한 것으로, 가락국 김수로왕의 비인 허왕후가 인도에서 가져온 차 씨에서 비롯되었다는 전설(legend)이 이능화의 '조선불교통사'에 적혀 있다. 또한 유럽에 중국의 차가 알려진 효시는 1559년 베네치아의 저술가인 G.라무시오의 '항해와 여행'에 의해서였다. 차는 발효(ferment) 정도에 따라 불발효차, 반발효차, 발효차, 그리고 후발효차로 구분되는데, 우리가 흔히 녹차라고 하는 것은 불발효차이다. 녹차를 제조하기 위해서는 딴 잎을 즉시 가열하여 산화 효소를 파괴시켜 녹색을 그대로 유지하여야 하며 동시에, 수분을 증발(evaporation)시켜 잎을 흐늘흐늘하게 말기 좋은 상태로 말려야 한다. 녹차는 채취시기에 따라 우전, 세작, 중작, 대작으로 나뉘며, 암 발생 억제효과와, 콜레스테롤 제거효과, 충치 예방효과, 동맥경화 억제작용의 효과가 있다.

④ 녹차 만드는 방법

⑦ ◆ 덖음차는 생잎을 솥에서 덖고, 비비고, 건조하여 만들어지는 차로 예로부터 우리나라에서 즐겨 마신 차를 말한다.
⑤ ◆ 증제차는 찻잎을 100도 정도 고압의 수증기로 30에서 40초 정도 쪄서 가공한다.

⑧ 하이퍼링크

⑥ ※ 표 ☞ : 잎들의 색조 안으로서 함성되어 잎들 표현 반응의 매개 주실을 하는 그룹가 화합물을 통들어 이르는 ▣
 ☞ 차 ☞ : 나무 말고 끝에를 달아 베기거나 깎거나 쓰여 없이 ▣

① 000

[처리사항]

〈자료 입력과 서식 지정하기〉
배점 1번(16), 2번(48), 3번(16), 4번(24), 5번(20), 6번(40), 7번(20)

1. [보기] ②와 같이 글상자를 이용하여 제목을 작성하시오.
 1) 제목은 '전통차 연구'로 입력
 2) 글꼴은 궁서체, 글자 크기는 30pt, 글자 색은 기본-하양, 장평 110%, 가로 가운데 정렬
 3) 글상자의 내부색은 오피스-초록, 외곽선은 실선으로 지정하고, 선 색은 기본-검정, 선 굵기 0.4mm

2. [보기] ③과 같이 아래의 내용을 입력하시오.

 차(tea)의 기원(origin)으로 가장 믿을 만하게 전해지는 것은 전한의 선제 때 왕포라는 선비가 만든 노예매매계약서이다. 이것은 무양에 가서 차를 사오는 일과 손님이 오면 차를 달여서 대접(entertainment)하는 일에 대한 기록으로 이 계약서(contract)에 의해 차 마시는 풍습(custom)이 이 시대에 있었음을 알 수 있다. 우리나라에 차가 전파되었다는 기록(record)은 김해의 백월산에 있는 죽로차에 대한 것으로, 가락국 김수로왕의 비인 허왕후가 인도에서 가져온 차 씨에서 비롯되었다는 전설(legend)이 이능화의 '조선불교통사'에 적혀 있다. 또한 유럽에 중국의 차가 알려진 효시는 1559년 베네치아의 저술가인 G.라무시오의 '항해와 여행'에 의해서였다. 차는 발효(ferment) 정도에 따라 불발효차, 반발효차, 발효차, 그리고 후발효차로 구분되는데, 우리가 흔히 녹차라고 하는 것은 불발효차이다. 녹차를 제조하기 위해서는 딴 잎을 즉시 가열하여 산화 효소를 파괴시켜 녹색을 그대로 유지하여야 하며 동시에, 수분을 증발(evaporation)시켜 잎을 흐늘흐늘하게 말기 좋은 상태로 말려야 한다. 녹차는 채취시기에 따라 우전, 세작, 중작, 대작으로 나

[보기]	[처리사항]
	뉘며, 암 발생 억제효과, 콜레스테롤 제거효과, 충치 예방효과, 동맥경화 억제작용의 효과가 있다.

[처리사항] 계속:

1) 글꼴은 굴림체, 글자 크기는 11pt
2) 내용의 첫 줄 33pt 들여쓰기
3) 줄 간격은 고정 값, 18pt
4) 한자변환
　　전한 –〉 전한(前漢)
　　죽로차 –〉 죽로차(竹露茶)

3. [보기] ④와 같이 소제목을 입력하시오.
　1) 소제목은 '녹차 만드는 방법'으로 입력
　2) 소제목 앞뒤에 '☆' 기호문자 삽입
　3) 글꼴은 궁서체, 글자 크기는 14pt, 글자 색은 기본
　　–하양
　4) 글자의 음영은 '기본–검정'으로 지정

4. [보기] ⑤와 같이 아래의 내용을 입력하시오.
　1) 〈입력 내용〉
　　덖음차는 생잎을 솥에서 덖고, 비비고, 건조하여 만들어지는 차로 예로부터 우리나라에서 즐겨 마시던 차를 말한다.
　　증제차는 찻잎을 100도 정도 고압의 수증기로 30에서 40초 정도 쪄서 가공한다.
　2) 글머리표로 '◆'을 지정
　3) 글꼴은 돋움체, 글자 크기는 11pt
　4) 문단 아래 간격은 11pt

5. [보기] ⑥과 같이 각주를 작성하시오.
　1) 본문의 '효소'와 '채취'에 작성하시오.
　2) 각주의 위치는 페이지 아래쪽
　3) 〈각주 입력 내용〉
　　효소 : 생물의 세포 안에서 합성되어 모든 화학 반응의 매체 구실을 하는 고분자 화합물을 통틀어 이르는 말
　　채취 : 풀, 나무, 광석 따위를 찾아 베거나 캐거나 하여 얻어 냄
　4) 글꼴은 굴림체, 글자 크기는 9pt
　5) 각주 번호 모양은 'a'로 지정

6. [보기] ⑦과 같이 주어진 이미지를 이용하여 작성하시오.
　1) 주어진 '전통차이미지'를 삽입

[보기]	[처리사항]
	2) 이미지의 크기는 너비 50mm, 높이 40mm
	3) 삽입된 이미지의 테두리를 기본-검정, 실선, 2mm 로 지정
	4) 이미지가 내용의 왼쪽에 위치하도록 지정하고 바깥 여백은 위쪽/아래쪽/왼쪽/오른쪽을 3mm로 지정 (반드시 그림서식에서 지정할 것)
	7. [보기] ⑧과 같이 하이퍼링크를 다음 요구에 따라 작 성하시오.
	1) 삽입된 그림 아래 행에 '하이퍼링크'라고 입력
	2) 입력한 '하이퍼링크'에 e-Test 홈페이지를 하이퍼 링크로 연결 (e-Test 홈페이지 : http://www.e-test.co.kr)

〈자료 입력과 서식 지정하기〉의 중점사항

1. 글상자

2. 서식 도구 상자

3. 글자 모양

4. 문단 모양

5. 한자

6. 기호

7. 각주

8. 이미지

9. 하이퍼링크

10. 따라하기

☞ **중점사항** 내용을 알고 있으면 **따라하기**로 이동하세요.

1 글상자

제목을 넣거나 본문 중간에 박스형 글을 넣을 때 주로 [글상자]를 이용합니다. 글상자는 위치와 크기, 채우기, 테두리의 모양과 색깔 바꾸기 등을 자유롭게 설정할 수 있습니다.

[입력]메뉴의 [가로 글상자] 혹은 [세로 글상자]를 클릭하고, 마우스로 화면을 드래그하여 필요한 크기의 글상자를 작성하고, 필요한 내용을 입력합니다.

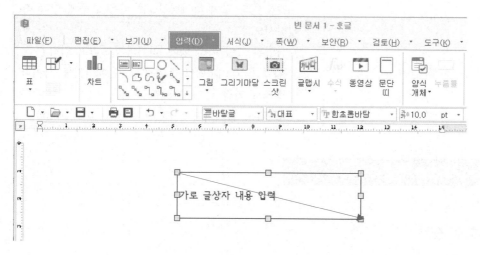

글상자를 작성하면 개체를 위한 서식 메뉴가 활성화됩니다, 개체 속성, 선색, 채우기, 선 스타일, 그림자 모양, 개체를 글자처럼 취급/글 앞으로/글 뒤로 등 배치방법에 대한 메뉴가 표시됩니다.

또한 글상자의 빠른 메뉴의 [개체 속성]을 클릭하면 나타나는 [개체 속성]대화상자에서 글상자의 세부 속성을 지정할 수도 있습니다.

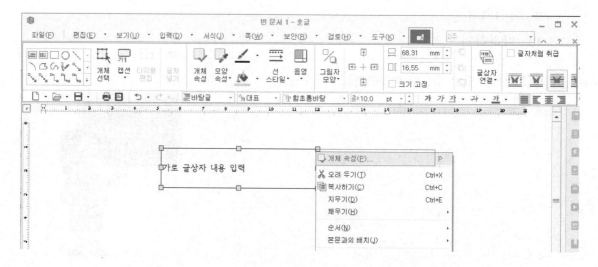

글상자 개체의 [개체 속성]의 [기본]탭과 [여백/캡션]탭입니다.

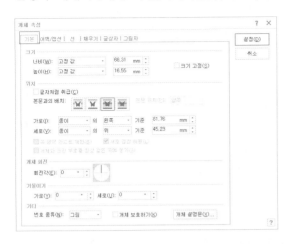 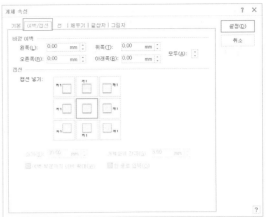

글상자를 문서의 가운데 오도록 작성하려면 글상자를 '글자처럼 취급'한 후 가운데 정렬을 합니다.

글상자의 테두리를 클릭하고 '글자처럼 취급'을 선택합니다.

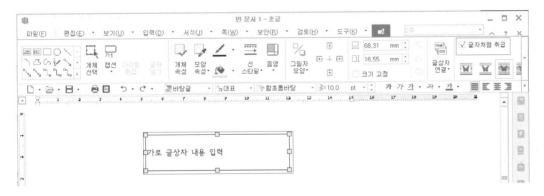

Esc키를 누르거나 글 상자 바깥쪽을 클릭하여 글상자 선택을 해제하고, 가운데 정렬을 클릭합니다.

2 서식 도구 상자

자주 사용하는 서식 관련 기능을, 대화 상자를 거치지 않고 한 번의 동작으로 바로 실행할 수 있도록 항목을 아이콘으로 모아 놓은 곳입니다.

내용(한글로 만들어진 세상)을 입력하고, 블록으로 지정합니다. 글꼴에 궁서체를 입력하고 [Enter↲], 글자 크기에 15 입력하고 [Enter↲], 굵게와 글자색을 빨강으로 지정하고 가운데 정렬을 하였습니다.

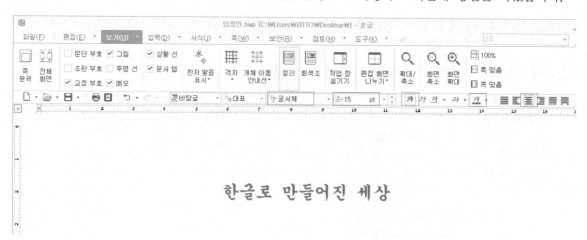

● **참고** ＞＞ [서식 도구 상자]의 글꼴과 글자 크기

글꼴과 글자 크기는 펼침 단추를 클릭하여 필요한 항목을 선택할 수 있습니다.
그러나 사용자가 직접 글꼴이나 글자크기를 입력할 경우 반드시 [Enter↲]를 눌러야만 합니다. [Enter↲]를 누르지 않으면 입력한 글꼴은 적용되지 않습니다.

3 글자 모양

01 글자 모양

입력할 내용이나 블록으로 지정한 내용에 대해 글자 모양을 일괄적으로 변경합니다.

글자 모양은 글꼴, 글자 크기, 장평, 자간 등을 언어에 상관없이 똑같이 지정할 수도 있고, 한글, 영문, 한자, 일어, 외국어, 기호 등의 글자를 구분하여 각각 따로 지정할 수도 있습니다.

또한 글자 색 바꾸기, 기울임, 진하게, 밑줄, 그림자, 양각, 음각, 외곽선, 첨자 등의 글자 속성을 적용하여 글자를 꾸밀 수 있습니다.

[서식]메뉴의 [글자 모양]을 실행하거나 Alt+L을 누릅니다.

02 글자 모양 복사

글자 모양 복사는 커서 위치의 글자 모양을 그대로 복사해 놓았다가 다른 곳의 글자를 복사한 글자 모양으로 덮어 씁니다.

'아름다운 하늘'을 '한글로 만들어진 세상'과 똑같은 글자 모양과 문단모양으로 바꾸기 위하여 '한글로 만들어진 세상' 사이에 커서를 놓고 Alt+C – [모양 복사]대화상자의 '글자 모양과 문단 모양 둘 다 복사' 선택 – [복사]클릭 – '아름다운 하늘'을 블록으로 지정하고 Alt+C를 누릅니다.

한글로|만들어진 세상

아름다운 하늘

4 문단 모양

01 문단 모양

문단은 [서식]메뉴의 [문단 모양] 혹은 Alt + T를 눌러서 실행합니다. [문단 모양]대화상자에서 문단
의 왼쪽/오른쪽 여백, 들여 쓰기/내어 쓰기, 정렬 방식, 줄 간격, 문단 테두리, 문단 배경, 문단 종
류, 탭 설정 등을 바꿀 수 있습니다.

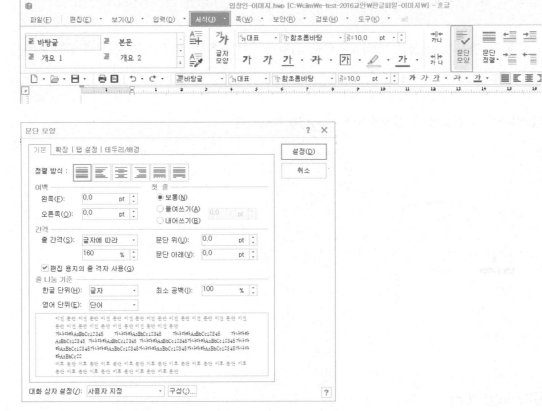

[문단 모양]은 문단 단위로 적용됩니다. 블록을 지정하지 않고 문단 모양을 변경하면, 현재 커서가
있는 문단 전체에 적용됩니다.

여러 문단에 같은 모양의 문단을 적용하고자할 때는 원하는 문단을 블록으로 지정하고 문단 모양을
변경합니다.

02 문단 모양 복사

모양 복사(Alt + C)를 이용하여 문단의 모양을 복사할 수 있습니다.

5 한자

한글에는 기본으로 16만 개 이상의 한자 단어가 등록되어 있습니다. 한자로 변경하고자 하는 단어를 입력하고 블록으로 지정, [입력]메뉴의 [한자 입력]을 클릭하거나, F9 혹은 키보드의 한자 키를 눌러서 원하는 단어를 선택하여 변경합니다.

블록을 지정하지 않고 한자 변환을 시도하면 현재 커서 위치의 글자를 한자로 변환 합니다.

등록되어 있는 단어가 없을 경우 한 글자씩 변경이 이루어집니다.

한자 사전에 등록되어 있지 않은 단어는 사용자가 직접 사전에 추가 등록할 수 있습니다.

6 기호

글자판(키보드)에서 입력하기 어려운 기호나 문자는 문자표를 이용하여 입력할 수 있습니다.

문자표는 [입력]메뉴의 [문자표]의 [문자표]을 클릭하거나, Ctrl+F10을 누르면 표시되는 [문자표 입력] 대화상자에서 원하는 기호를 선택하고 [넣기]를 클릭하여 입력합니다.

한글에서 문자표는 유니코드 체계에 의한 '유니코드 문자표'와 한글 97에서 지원하던 '흔글(HNC) 문자표', KS 완성형 코드인 '완성형(KS) 문자표', 문자를 찾기 쉽도록 유니코드 문자를 재구성하여 제공하는 '사용자 문자표'로 구성됩니다.

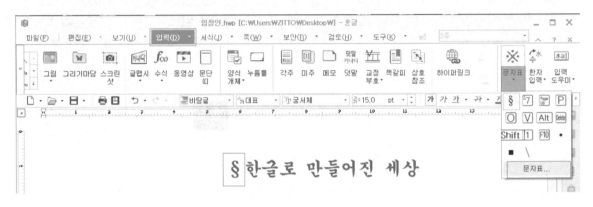

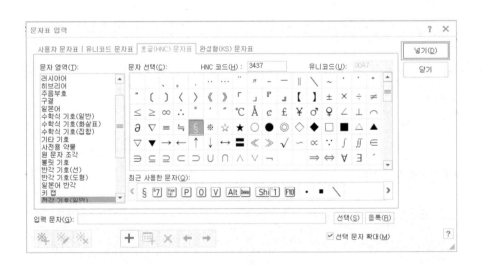

여러 개의 기호를 한 번에 입력하려면 기호를 클릭하고 Space Bar 를 누르는 동작을 반복합니다. 모든 기호 선택이 끝나면 [넣기]를 클릭합니다.

7 각주

본문 내용에 대한 보충 자료 혹은 자료의 출처 등을 밝히는 주석을 '각주' 형식으로 만듭니다.

각주 내용은 각주 번호를 매긴 본문 쪽(페이지)의 아래에 옵니다.
각주 번호의 종류나 내용을 배열하는 방법 등은 [주석]탭의 [각주/미주 모양 고치기]에서 지정합니다.

각주를 넣을 단어의 뒤에 커서를 두고 [입력]메뉴의 [각주]를 클릭합니다.

각주 내용을 입력할 수 있도록 커서가 각주 입력 영역으로 이동하고 [주석]탭이 자동으로 나타납니다.
내용을 입력하고, 입력이 끝나면 Shift + Esc 를 눌러 본문으로 돌아옵니다.

본문에 [각주]를 만들면 커서가 있던 곳에 각주 번호가 자동으로 매겨집니다.

§ 한글1)로 만들어진 세상

각주 번호의 모양은 [입력]메뉴의 [각주]를 클릭하면 나타나는 [각주]탭의 [각주/미주 모양 고치기]에서 바꿀 수 있습니다.

작성된 각주 삭제는 본문에 표시된 각주 번호를 삭제하면 각주의 내용도 함께 삭제됩니다.

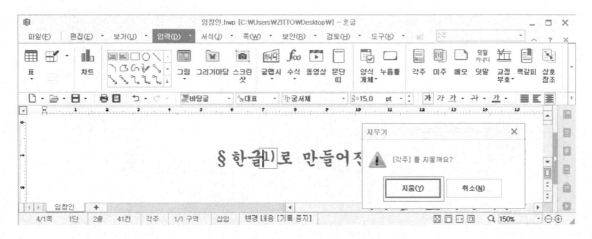

8 이미지

문서에 그림(이미지)을 삽입하면 그림 파일이 문서 파일 안에 함께 저장되므로 그림 파일을 따로 보관하지 않아도 됩니다.

[입력]메뉴의 [그림]을 실행하고, [그림 넣기] 대화 상자에서 문서에 포함할 이미지를 선택합니다.

문서창에 십자 모양의 커서가 나타나면 마우스를 드래그하여 그림의 크기를 결정합니다.

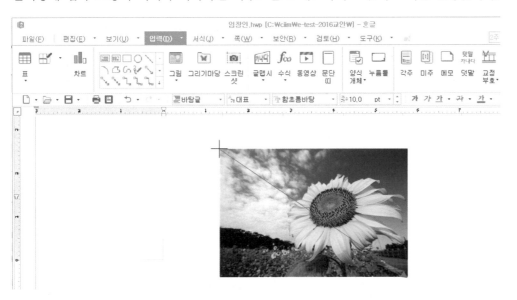

그림은 개체로 취급되어 그림의 크기, 위치, 여백, 선 등은 개체 속성에서 수정할 수 있습니다.
개체 속성은 [그림 서식]의 [개체 속성] 혹은 빠른 메뉴의 [개체 속성]을 선택하면 나타납니다.
[개체 속성]대화상자의 기본, 여백/캡션, 선, 그림 등의 탭에서 그림에 대한 상세 설정을 합니다.

[개체속성] 대화상자 탭 정보입니다.

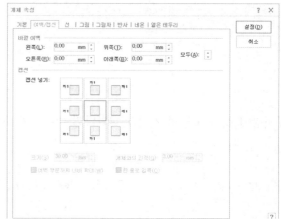

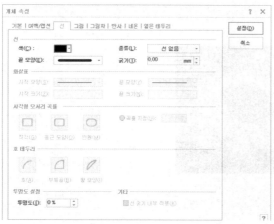

9 하이퍼링크

하이퍼링크는 문서의 특정한 위치에 현재 문서나 다른 문서, 웹 페이지, 전자 우편 주소 등을 연결하여 쉽게 참조하거나 이동할 수 있게 해 줍니다.

하이퍼링크를 지정하고자 하는 내용을 블록으로 지정하고 [입력]메뉴의 [하이퍼링크]를 실행합니다. [하이퍼링크]대화상자에서 연결대상, 혹은 주소를 입력합니다.

하이퍼링크로 연결가능한 문서 형식은 [연결 종류]에서 지정합니다. 이동할 대상 문서는 흔글 문서, 웹 주소, 전자 우편 주소, 외부 어플리케이션 문서가 있습니다.

하이퍼링크가 연결되면 본문이 밑줄이 그어진 파란색 글자의 하이퍼링크 글자 속성으로 바뀝니다.

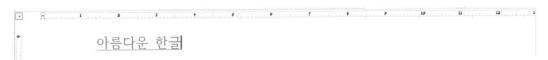

⑩ 따라하기

시작파일 : 따라하기NEO\1장따라하기결과.hwp, 결과파일 : 따라하기NEO\2장따라하기결과.hwp

1. [보기] ②와 같이 글상자를 이용하여 제목을 작성하시오.
   1) 제목은 '전통차 연구'로 입력
   2) 글꼴은 궁서체, 글자 크기는 30pt, 글자 색은 기본-하양, 장평은 110%, 가로 가운데 정렬
   3) 글상자의 내부색은 오피스-초록, 외곽선은 실선으로 지정하고, 선 색은 기본-검정, 선 굵기 0.4mm

1. [입력]메뉴 – 가로 글상자(▤) – 화면에 적당한 크기로 드래그하여 글상자 작성 – '전통차 연구' 입력

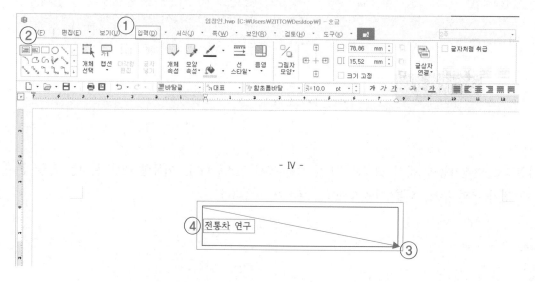

2. '전통차 연구'를 블록 – 빠른 메뉴의 [글자 모양] – [글자 모양]대화상자의 [기본]탭 – 글꼴 : 궁서체,
   글자 크기 : 30, 글자 색 : 기본 – 하양, 장평 : 110% 입력 – [설정] 클릭

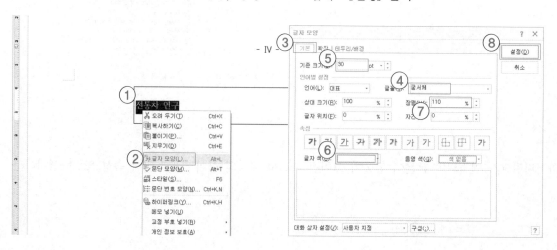

3. [서식 도구 상자]의 가운데 정렬 클릭

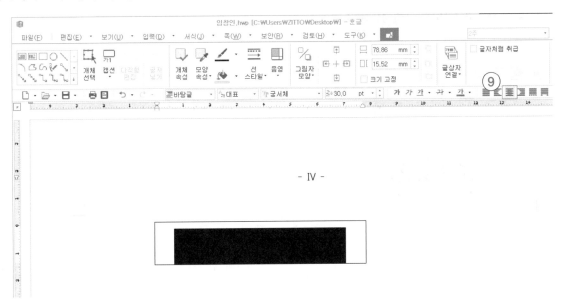

4. 글 상자의 빠른 메뉴 – [개체 속성] – [개체 속성]대화상자의 [채우기]탭 – 색 – 면 색 펼침 화살표
   (▾) – 색상테마 펼침 화살표(▶) – 오피스 – 초록 클릭

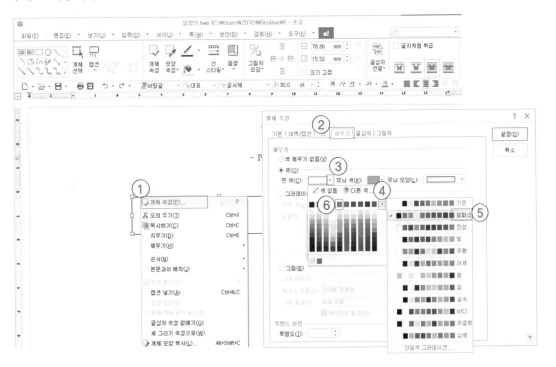

5. [선]탭 – 선의 종류 : 실선 – 선 색 펼침 화살표(▾) – 색상 테마 펼침 화살표(▶) – 기본의 검정 –
선의 굵기 : 0.4 입력 – [설정] 클릭

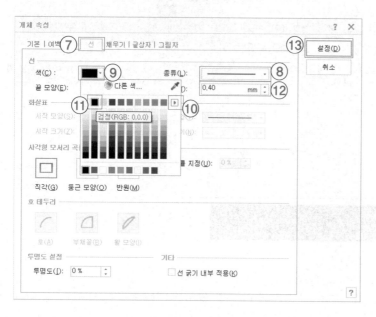

6. 글 상자 클릭 – [글자처럼 취급] 클릭

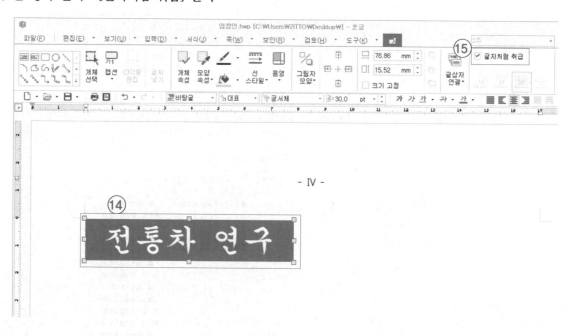

7. 글상자의 앞 혹은 뒤에 커서가 오도록 하고, 가운데 정렬 클릭

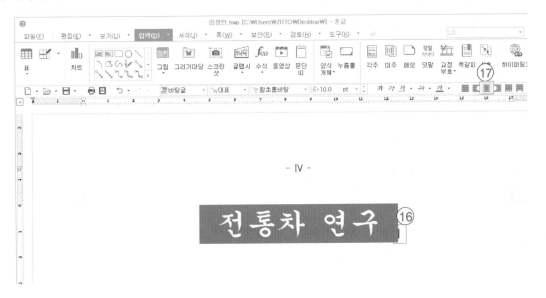

8. 문제를 고려하여 글상자의 크기를 조절합니다.

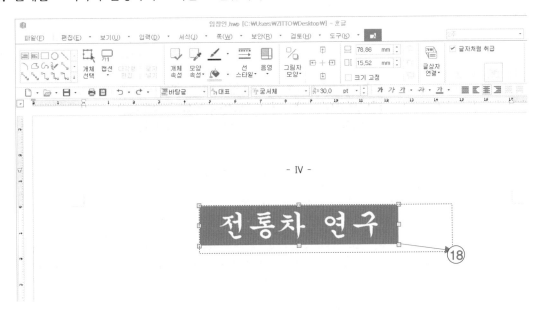

1. 제목 글상자의 뒤에서 Enter↵를 두 번 입력하여 한 줄을 띄운 후 Ctrl+1을 눌러서 바탕글 스타일로 지정하고, 본문의 내용을 입력합니다.

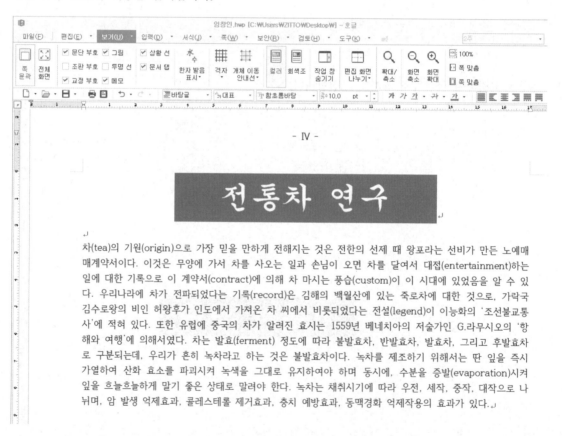

● 참고 ⟩⟩ Ctrl+1

바탕글 스타일을 지정하는 단축 키.
바탕글 스타일은 함초롬바탕, 10pt, 장평 100%, 양쪽 정렬 정렬방식을 기본으로 합니다.

2. 입력한 내용 모두 블록 – [서식 도구 상자]에서 글꼴 : 굴림체, 글자 크기 : 11 입력

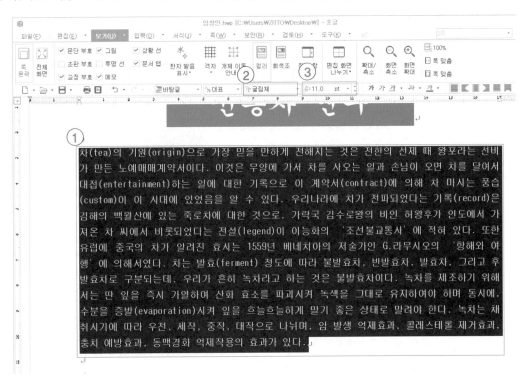

3. 입력한 내용 모두 블록 – 빠른 메뉴의 [문단 모양] – [문단 모양]대화상자의 [기본]탭 – 첫 줄의 들여쓰기 : 33, 간격의 줄 간격 : 고정 값, 18 입력 – [설정] 클릭

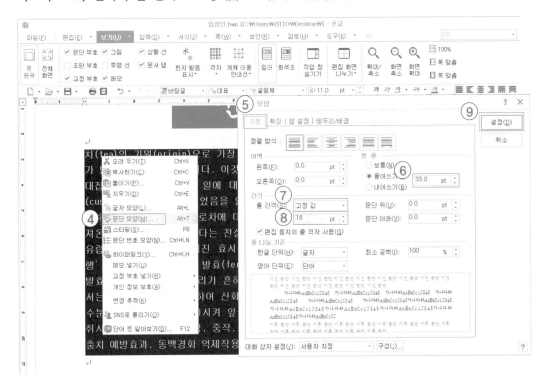

4. '전한' 블록 – 키보드의 한자 키 – [한자로 바꾸기]대화상자의 한자 목록에서 문제와 같은 한자 선택
   – 입력 형식에서 '◉ 한글(漢字)' 선택 – [바꾸기] 클릭

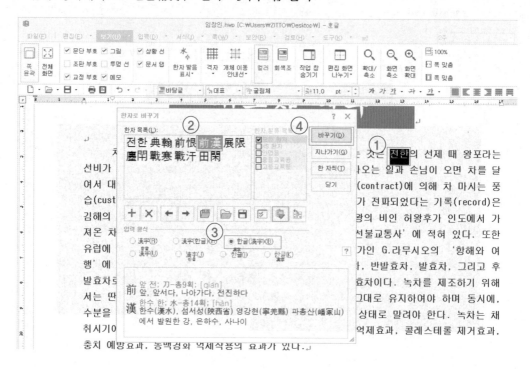

5. '죽로차' 블록 – 키보드의 한자 키 – [한자로 바꾸기]대화상자의 한자 목록에서 문제와 같은 한자
   선택 – 입력 형식에서 '◉ 한글(漢字)' 선택 – [바꾸기] 클릭

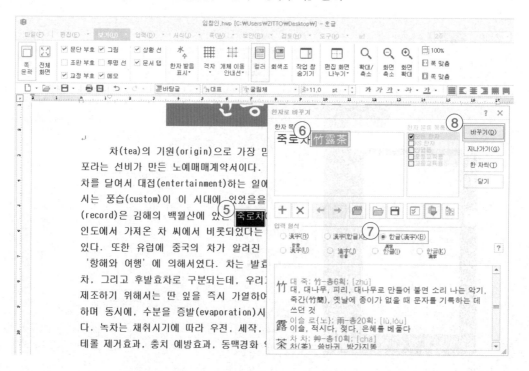

1. 본문과 한 줄 띄우고, Ctrl+1을 눌러 바탕글 스타일로 지정 - '☆ 녹차 만드는 방법 ☆' 입력

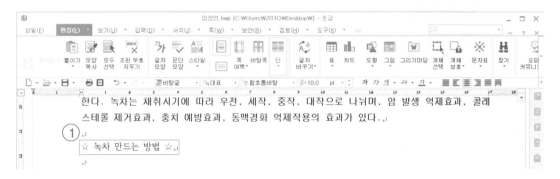

2. '☆ 녹차 만드는 방법 ☆'을 블록 - Alt+L(글자 모양 단축 키) - [글자 모양]대화상자의 [기본]탭 - 글꼴 : 궁서체, 글자 크기 : 14 입력 - 글자 색의 펼침 화살표 - 색상 테마 펼침 화살표 - 기본 - '하양' 클릭

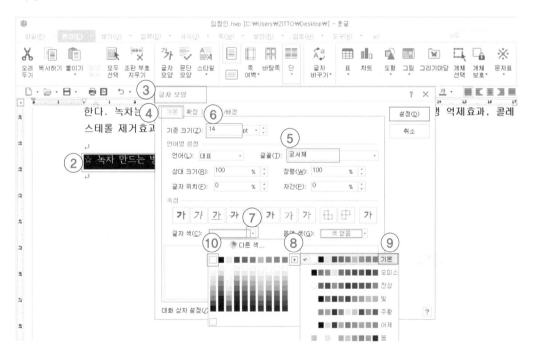

3. 글자색과 같은 방법으로 음영색에서 기본의 검정 클릭

4. [글자 모양]대화상자의 미리보기를 확인하고 [설정] 클릭

4. [보기] ⑤와 같이 아래의 내용을 입력하시오.
  1) 〈입력 내용〉
    덖음차는 생잎을 솥에서 덖고, 비비고, 건조하여 만들어지는 차로 예로부터 우리나라에서 즐겨 마시던
    차를 말한다.
    증제차는 찻잎을 100도 정도 고압의 수증기로 30에서 40초 정도 쪄서 가공한다.
  2) 글머리표로 '◆'을 지정
  3) 글꼴은 돋움체, 글자 크기는 11pt
  4) 문단 아래 간격은 11pt

1. 소제목과 한 줄 띄우고, Ctrl+1을 눌러 바탕글 스타일로 지정 – 내용 입력

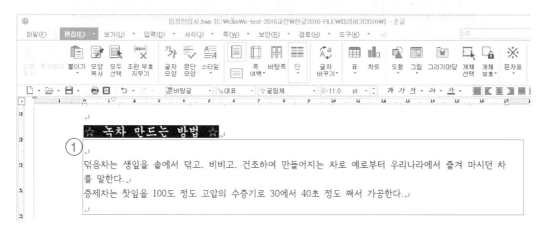

2. 입력한 내용 블록 – [서식]메뉴의 [문단 번호 모양] 혹은 빠른 메뉴의 [문단 번호 모양] 클릭 –
   [문단 번호/글머리표]대화상자의 [글머리표]탭 – 글머리표 '◆' 선택 – [설정] 클릭

3. (블록 유지) [서식 도구 상자]에서 글꼴 : 돋움체, 글자 크기 : 11 입력

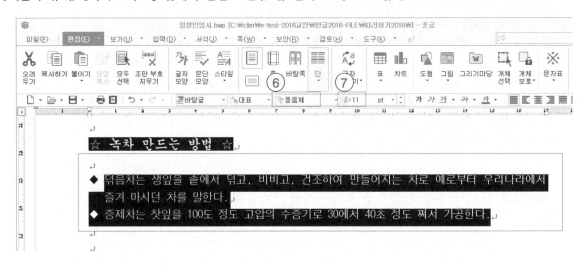

**4. (블록 유지) Alt+T 혹은 빠른 메뉴의 [문단 모양] 클릭 – [기본]탭 – 간격의 문단 아래 : 11 입력
– [설정] 클릭**

1. 본문의 '효소' 단어 뒤에 커서가 오도록 클릭 – [입력]메뉴의 [각주] 클릭

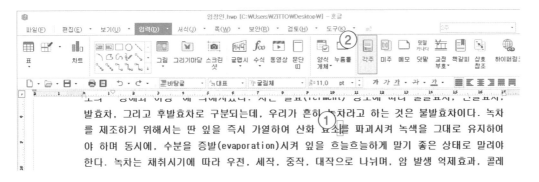

2. 각주 입력 영역이 열리면 번호 뒤에 '효소 : 생물의 세포 안에서 합성되어 모든 화학 반응의 매체
구실을 하는 고분자 화합물을 통틀어 이르는 말' 입력 – [주석]탭의 [닫기] 클릭

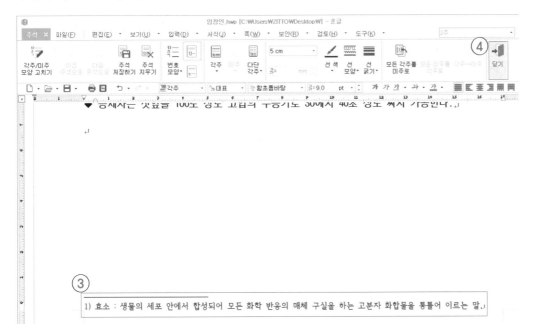

3. 본문의 '채취' 단어 뒤에 커서가 오도록 클릭 – [입력]메뉴의 [각주] 클릭

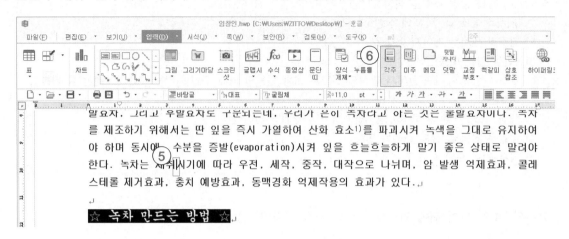

4. 각주 입력 영역이 열리면 '채취 : 풀, 나무, 광석 따위를 찾아 베거나 캐거나 하여 얻어 냄' 입력

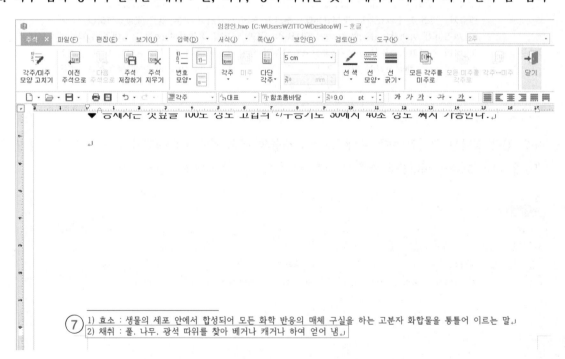

5. 첫 번째 주석 입력 내용인 '효소 : 생물의 세포 안에서 합성되어 모든 화학 반응의 매체 구실을 하는 고분자 화합물을 통틀어 이르는 말' 블록 - [서식 도구 상자]의 글꼴 : 굴림체, 글자 크기 : 9 입력 두 번째 주석 입력 내용인 '채취 : 풀, 나무, 광석 따위를 찾아 베거나 캐거나 하여 얻어 냄' 블록 - [서식 도구 상자]의 글꼴 : 굴림체, 글자 크기 : 9 입력

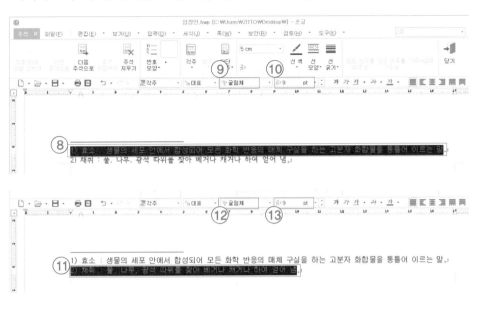

6. 각주내용의 임의의 위치를 클릭하여 블록 해제 - [주석]탭의 [각주/미주 모양 고치기] 클릭 - [각주 모양]탭 - 번호 서식의 번호 모양에서 'a,b,c' 선택 - 뒤 장식 문자의 내용 삭제 - [설정] 클릭 - [닫기] 클릭

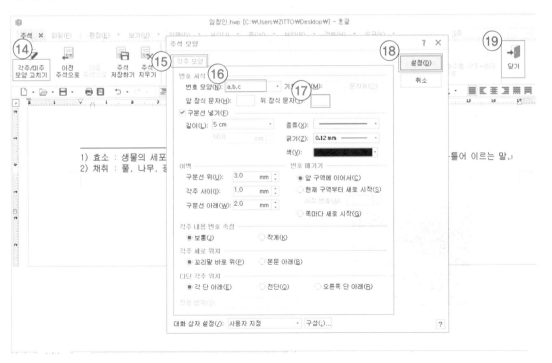

6. [보기] ㉠과 같이 주어진 이미지를 이용하여 작성하시오.
 1) 주어진 '전통차이미지'를 삽입
 2) 이미지의 크기는 너비 50mm, 높이 40mm
 3) 삽입된 이미지의 테두리를 기본–검정, 실선, 2mm로 지정
 4) 이미지가 내용의 왼쪽에 위치하도록 지정하고 바깥 여백은 위쪽/아래쪽/왼쪽/오른쪽을 3mm로 지정
  (반드시 그림서식에서 지정할 것)

1. [입력]메뉴의 [그림] – [그림 넣기]대화상자에서 '전통차이미지'를 찾아서 [넣기] 클릭

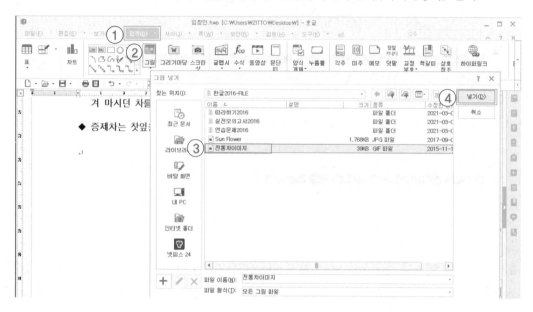

2. 본문의 임의의 위치를 클릭하여 삽입하거나 대각선 방향으로 드래그하여 임의의 크기로 삽입

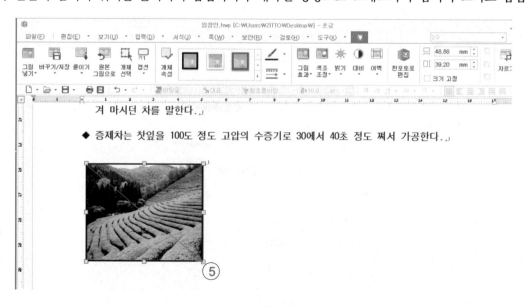

3. 그림의 빠른 메뉴의 [개체 속성] – [개체 속성]대화상자의 [기본]탭 – 크기의 너비 : 50, 높이 : 40
   입력 – 크기 고정 : 선택 클릭

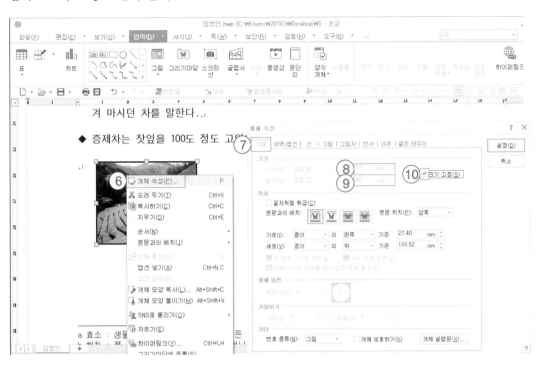

4. [선]탭 – 선의 색 펼침 화살표 – 색상테마 펼침 화살표 – 기본 – 검정 클릭, 선의 종류 : 실선 선택
   – 선의 굵기 : 2 입력

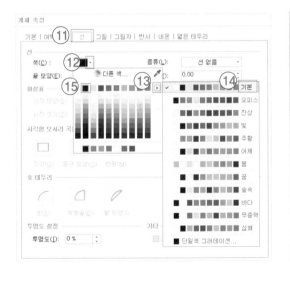

5. [기본]탭 – 위치의 본문과의 배치 : 어울림() – 가로 : 문단의 왼쪽 선택

6. [여백/캡션]탭 – 바깥 여백의 왼쪽/위쪽/오른쪽/아래쪽 모두 3 입력 – [설정] 클릭

7. 이미지 위치 조정을 위하여 문제의 보기를 참고하여 적당한 위치로 드래그합니다.

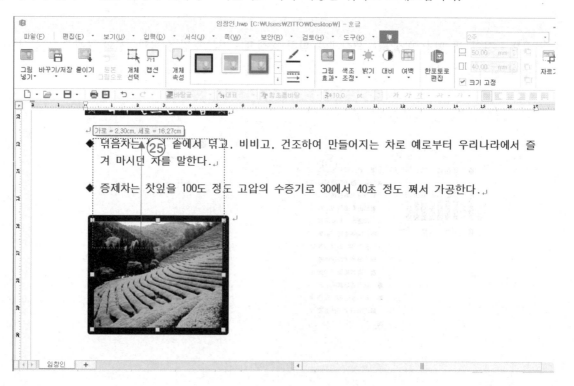

7. [보기] ⑧과 같이 하이퍼링크를 다음 요구에 따라 작성하시오.
    1) 삽입된 그림 아래 행에 '하이퍼링크'라고 입력
    2) 입력한 '하이퍼링크'에 e-Test 홈페이지를 하이퍼링크로 연결
       (e-Test 홈페이지 : http://www.e-test.co.kr)

1. 이미지와 한 줄을 띄우고 Ctrl+1을 눌러서 바탕글 스타일로 지정하고, '하이퍼링크'를 입력

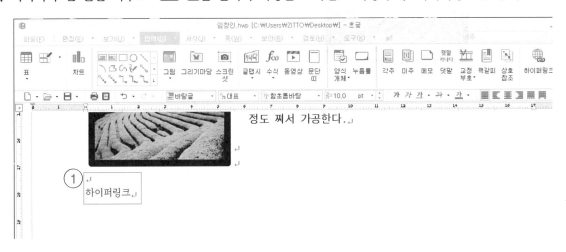

2. '하이퍼링크' 블록 – [입력]메뉴의 [하이퍼링크] 혹은 빠른메뉴의 [하이퍼링크] – [하이퍼링크]대화상
   자의 연결 종류에서 '웹 주소', 연결 대상에 'http://www.e-test.co.kr' 입력 – [넣기] 클릭

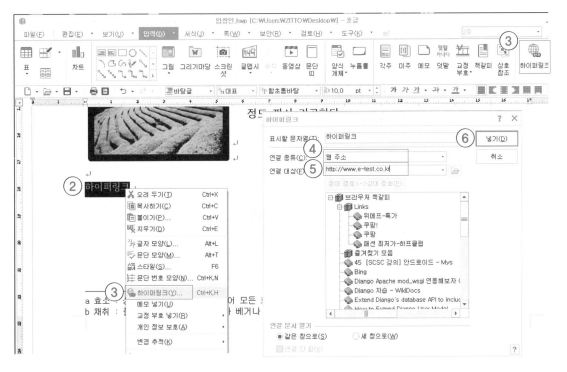

3. 하이퍼링크를 지정하면 글자색이 변경되고, 마우스를 하이퍼링크가 지정된 글자 위로 이동하면 포인터 모양이 손가락 모양으로(👆) 됩니다.

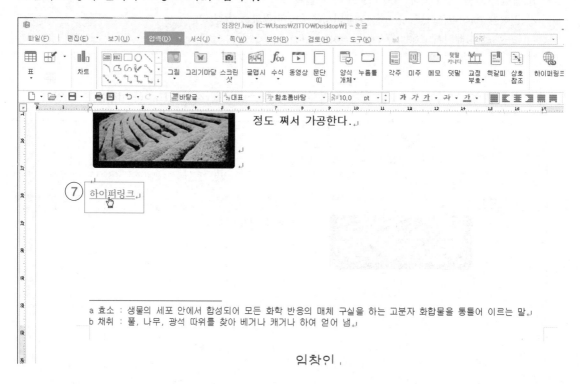

🖐 참고 ➤➤ 하이퍼링크 연결

링크가 지정된 '하이퍼링크'를 클릭하면 e-test 홈페이지 http://www.e-test.co.kr 창이 열립니다.

연습문제 1

시작파일 : 연습문제NEO \ 연습-1장1번.hwp, 결과파일 : 연습문제NEO \ 연습-2장1번.hwp

[보기]	[처리사항]

	〈자료 입력과 서식 지정하기〉
	배점 1번(16), 2번(48), 3번(16), 4번(24), 5번(20), 6번(40), 7번(20)
	
	1. [보기] ②와 같이 글상자를 이용하여 제목을 작성하시오.
	   1) 제목은 '국민건강보험'으로 입력
	   2) 글꼴은 궁서체, 글자 크기는 25pt, 글자 색은 기본-하양, 장평은 110%, 가로 가운데 정렬
	   3) 글상자의 내부색은 오피스-파랑, 외곽선은 실선으로 지정하고, 선 색은 기본-검정, 선 굵기 0.4mm
	2. [보기] ③과 같이 아래의 내용을 입력하시오.
	  의료보험법은 국민의 질병(disease), 부상(wound) 또는 사망(death) 등에 대하여 보험급여를 실시함으로써 국민보건을 향상시키고 사회보장(social security)의 증진을 도모함을 목적으로 1963년 12월 16일에 제정되었다. 1977년 7월부터 500인 이상의 사업자를 대상으로 의료보험법을 적용하여, 1979년부터 공무원 및 사립학교 교직원, 1988년부터 농어촌 지역 주민, 1989년 7월부터 도시 지역 주민으로 각각 의료보험(medical insurance)을 확대 적용하는 한편, 1989년 1월부터는 약국의료보험을 실시하였다. 현재는 국민의료보험관리공단으로 보험재정을 통합하여 운영하고 있으며, 주요 업무로 가입자 및 피부양자의 자격 관리, 보험료 및 기타 국민건강보험법에 의한 징수금의 부과 및 징수, 보험급여의 관리, 보험급여비용의 지급, 의료시설의 운영 등을 진행하고 있다. 의료보험의 피보험대상은 사업장(place of business)의 근로자인 피보험자와 그 피부양자로 하고, 보험자는 피보험자에 대하여 건강진단을 실시한다. 보험자는 보험급여를 받을 자가 자신의 범죄행위에 기인하거나 고의로 사고를 발생시킨 때 등에는 보험급여를 금지(prohibition) 또는 제한(limit)한다. 관련기관으로는 의료보험심의위

[보기]	[처리사항]
	원회와 의료보험연합회가 있으며, 의료보험연합회는 보험재정안정사업을 실시하여 의료시설 또는 복지시설을 설립 및 운영할 수 있다. 1) 글꼴은 굴림체, 글자 크기는 11pt 2) 내용의 첫 줄 44pt 들여쓰기 3) 줄 간격은 고정 값, 19pt 4) 한자변환 　　도모 -〉 도모(圖謀) 　　설립 -〉 설립(設立) 3. [보기] ④와 같이 소제목을 입력하시오. 　1) 소제목은 '의료보험의 필요성'으로 입력 　2) 소제목 앞뒤에 '☆' 기호문자 삽입 　3) 글꼴은 궁서체, 글자 크기는 14pt, 글자 색은 기본 　　-하양 　4) 글자의 음영은 '기본-검정'으로 지정 4. [보기] ⑤와 같이 아래의 내용을 입력하시오. 　1) 〈입력 내용〉 　　의료비용의 급등현상에 대처하기 위한 집단적 해결 노력이 필요하다. 　　의료비용이 필요한 시기와 의료비용 총액의 예측 불가능성에 대한 대비를 위해 필요하다. 　2) 글머리표로 '◆'을 지정 　3) 글꼴은 돋움체, 글자 크기는 11pt 　4) 문단 아래 간격은 11pt 5. [보기] ⑥과 같이 각주를 작성하시오. 　1) 본문의 '징수금'과 '복지시설'에 작성하시오. 　2) 각주의 위치는 페이지 아래쪽 　3) 〈각주 입력 내용〉 　　징수금 : 법규에 따라 나라나 공공 단체 따위에서 거두어들이는 돈을 말한다. 　　복지시설 : 국민의 사회 복지를 위한 시설로 양로원, 모자원, 보육원, 아동 상담소, 점자 도서관 등이 있다. 　4) 글꼴은 굴림체, 글자 크기는 9pt 　5) 각주 번호 모양은 'i'로 지정 6. [보기] ⑦과 같이 주어진 이미지를 이용하여 작성하시오. 　1) 주어진 '국민건강보험이미지'를 삽입

[보기]	[처리사항]
	2) 이미지의 크기는 너비 50mm, 높이 44mm 3) 삽입된 이미지의 테두리를 기본-검정, 실선, 1mm로 지정 4) 이미지가 내용의 왼쪽에 위치하도록 지정하고 바깥 여백은 위쪽/아래쪽/왼쪽/오른쪽을 3mm로 지정 (반드시 그림서식에서 지정할 것) 7. [보기] ⑧과 같이 하이퍼링크를 다음 요구에 따라 작성하시오. 1) 삽입된 그림 아래 행에 '하이퍼링크'라고 입력 2) 입력한 '하이퍼링크'에 e-Test 홈페이지를 하이퍼링크로 연결 (e-Test 홈페이지 : http://www.e-test.co.kr)

연습문제 2

시작파일 : 연습문제NEO \ 연습-1장2번.hwp, 결과파일 : 연습문제NEO \ 연습-2장2번.hwp

[보기]	[처리사항]

[보기]

⑤ 3

②
세계자연유산 제주

③ 제주도는 아시아 대륙의 동쪽 가장자리에 위치한 대한민국 최남단의 섬으로 약 200만 년 전부터 역사시대까지 일어났던 화산(volcano)활동으로 만들어진 섬(island)이다. 제주도는 동북동 方向으로 길쭉한 타원(oval)의 모양을 가지며 전반적으로 완만한 지형을 지닌 전형적인 방패형 화산이다. 지표에는 현무암(basalt) 및 조면암(trachyte) 용암(lava)들이 드넓게 분포하고 있으며 섬의 중앙에는 해발 1,950 m의 한라산이 솟아 있다. 한라산은 제주도를 상징하는 화산일 뿐만 아니라 한반도(Korean Peninsula)와 주변해역에서 일어난 제4기 화산활동을 대표하는 화산이기도 하다. 한라산은 천연기념물(ecosystem) 및 국립공원(national park)으로 지정되어 관리되고 있어 대부분의 지역이 인간 활동으로 인한 훼손을 방지하기 위해 노력하고 있다. 또한 이러한 다양한 화산 지형으로 인하여 다양한 생태계와 생물다양성이 매우 높아 2002년에는 유네스코의 생물권보존지역으로 지정되었다. 뛰어난 학술적 가치와 아름다움은 2007년 6월에 유네스코 세계자 세계자연유산으로 등재됨으로써 국제적으로도 인정받게 되었다. 제주도는 섬 전체가 빼어난 룡빼를 지니고 있고 독특한 문화와 역사를 간직한 섬으로 한번쯤 방문할 가치가 있는 섬이기도 하다.

④ ◆ 해녀와 돌하르방 ◆

⑦ ■ 해녀의 기원은 인류가 바다에서 먹을 것을 구하기 시작한 원시시대부터 시작되었다고 할 수 있다.

■ 돌하르방과 같은 석상들이 만들어진 연대는 담수계 '탐라지'에, 1754년(영조 30) 목사 김몽규가 창건했다는 기록이 있다.

⑧ 한이퍼링크

⑥ 자) 생태계 : 어느 환경 안에서 사는 생물군과 그 생물들을 둘러싼 비생 요인을 포함한 총칭 체계.
나) 생물권보존지역 : 유네스코의 MAB(인간과 생물권) 계획에 따라 지정된 보호구역.

① 000

[처리사항]

〈자료 입력과 서식 지정하기〉
배점 1번(16), 2번(48), 3번(16), 4번(24), 5번(20), 6번(40), 7번(20)

1. [보기] ②와 같이 글상자를 이용하여 제목을 작성하시오.
   1) 제목은 '세계자연유산 제주'로 입력
   2) 글꼴은 궁서체, 글자 크기는 32pt, 글자색은 기본 -하양, 장평은 120%, 가로 가운데 정렬
   3) 글상자의 내부색은 기본-검정, 외곽선은 실선으로 지정하고 선 색은 기본-바다색, 선 굵기 0.4mm

2. [보기] ③과 같이 아래의 내용을 입력하시오.
   제주도는 아시아 대륙의 동쪽 가장자리에 위치한 대한민국 최남단의 섬으로 약 200만 년 전부터 역사시대까지 일어났던 화산(volcano)활동으로 만들어진 섬(island)이다. 제주도는 동북동 방향으로 길쭉한 타원(oval)의 모양을 가지며 전반적으로 완만한 지형을 지닌 전형적인 방패형 화산이다. 지표에는 현무암(basalt) 및 조면암(trachyte) 용암(lava)들이 드넓게 분포하고 있으며 섬의 중앙에는 해발 1,950 m의 한라산이 솟아 있다. 한라산은 제주도를 상징하는 화산일 뿐만 아니라 한반도(Korean Peninsula)와 주변해역에서 일어난 제4기 화산활동을 대표하는 화산이기도 하다. 한라산은 천연기념물(ecosystem) 및 국립공원(national park)으로 지정되어 관리되고 있어 대부분의 지역이 인간 활동으로 인한 훼손을 방지하기 위해 노력하고 있다. 또한 이러한 다양한 화산 지형으로 인하여 다양한 생태계와 생물다양성이 매우 높아 2002년에는 유네스코의 생물권보존지역으로 지정되었다. 뛰어난 학술적 가치와 아름다움은 2007년 6월에 유네스코 세계자 세계자연유산으로 등재됨으로써 국제적으로도 인정받게 되었다. 제주도는 섬 전체가 빼어난 경관을 지니고 있고 독특한 문화와 역사를 간직한 섬

으로 한번은 방문할 가치가 있는 섬이기도 하다.
   1) 글꼴은 굴림체, 글자 크기는 12pt
   2) 내용의 첫 줄 48pt 들여쓰기
   3) 줄 간격은 고정 값, 18pt
   4) 한자변환
      방향 –〉 方向
      경관 –〉 景觀
3. [보기] ④와 같이 소제목을 입력하시오.
   1) 소제목은 '해녀와 돌하르방'으로 입력
   2) 소제목 앞뒤에 '◆' 기호문자 삽입
   3) 글꼴은 궁서체, 글자 크기는 15pt, 글자 색은 기본
      -하양
   4) 글자의 음영은 '기본-검정'으로 지정
4. [보기] ⑤와 같이 아래의 내용을 입력하시오.
   1) 〈입력 내용〉
      해녀의 기원은 인류가 바다에서 먹을 것을 구하기
      시작한 원시시대부터 시작되었다고 할 수 있다.
      돌하르방과 같은 석상들이 만들어진 연대는 담수
      계 '탐라지'에, 1754년(영조 30) 목사 김몽규가 창
      건했다는 기록이 있다.
   2) 글머리표로 '■'을 지정
   3) 글꼴은 돋움체, 글자 크기는 12pt
   4) 문단 아래 간격은 12pt
5. [보기] ⑥과 같이 각주를 작성하시오.
   1) 본문의 '생태계'와 '생물권보존지역'에 작성하시오.
   2) 각주의 위치는 페이지 아래쪽
   3) 〈각주 입력 내용〉
      생태계 : 어느 환경 안에서 사는 생물군과 그 생
      물들을 제어하는 제반 요인을 포함한 복합 체계
      생물권보존지역 : 유네스코의 MAB(인간과 생물권
      계획)에 따라 지정된 보호구역
   4) 글꼴은 바탕체, 글자 크기는 9pt
   5) 각주 번호 모양은 'A'로 지정
6. [보기] ⑦과 같이 주어진 이미지를 이용하여 작성하
   시오.
   1) 주어진 '세계자연유산이미지'를 삽입
   2) 이미지의 크기는 너비 45mm, 높이 35mm
   3) 삽입된 이미지의 테두리를 기본-검정, 실선, 1mm
      로 지정

	4) 이미지가 내용의 왼쪽에 위치하도록 지정하고 바깥 여백은 위쪽/아래쪽/왼쪽/오른쪽을 3mm로 지정 (반드시 그림서식에서 지정할 것)
	7. [보기] ⑧과 같이 하이퍼링크를 다음 요구에 따라 작성하시오.
	1) 삽입된 그림 아래 행에 '하이퍼링크'라고 입력
	2) 입력한 '하이퍼링크'에 e-Test 홈페이지를 하이퍼링크로 연결
	(e-Test 홈페이지 : http://www.e-test.co.kr)

[보기]	[처리사항]

[보기]

- v -

⑩ @전통차 종류와 특성 @

구분	감잎차		국화차	유자차	비고
특성	비타민 C 대량 함유		전국 야산에 분포	탄수화물의 당분 대량 함유	
성분	비타민 C 및 B, 무기질의 칼슘		정유, Adenine, Choline		
효능	감기예방		피로한 눈, 백내장에 효과적	소화촉진, 감기예방	

표 1

생산량(단위:천)	세계	중국	합계
2016년	5,896	2,326	
2017년	6,048	2,473	
2018년	6,338	2,626	

표 2

⑬

[차트: 2016년, 2017년, 2018년 / 7000 6000 5000 4000 3000 2000 1000 0 / 세계]

ooo

[보기]⑪을 확대한 그림

구분	감잎차	국화차	유자차	비고
특성	비타민 C 대량 함유	전국 야산에 분포	탄수화물의 당분 대량 함유	
성분	비타민 C 및 B, 무기질의 칼슘	정 유, Adenine, Choline		
효능	감기예방	피로한 눈, 백내장에 효과적	소화촉진, 감기예방	

[처리사항]

〈표와 차트 작성하기〉
배점 1번(40), 2번(60), 3번(40)

1. [보기] ⑩과 같이 다음 페이지에 글맵시를 이용하여 표제목을 작성하시오.
   1) 표제목은 '@ 전통차 종류와 특성 @'으로 입력
   2) 글꼴은 궁서체, 글자 내부색은 기본-바다색
   3) 전체 모양은 ■, 크기는 너비 130mm, 높이 16mm

2. [보기] ⑪과 같이 표를 작성하시오. (4행 5열)
   1) 셀 합치기를 지정하시오.
      - 2행 4열 ~ 3행 4열은 셀 합치기
      - 2행 5열 ~ 4행 5열은 셀 합치기
   2) [보기] ⑪을 확대한 그림을 보고 표 전체의 내용을 입력하고, 글꼴은 돋움체, 글자 크기는 11pt로 지정
   3) 1행 1열 ~ 1행 5열의 글자 색은 기본-하양, 내부색은 오피스-빨강, 가로 가운데 정렬로 지정
   4) 합친 2행 5열 ~ 4행 5열은 [보기] ⑪과 같이 양방향대각선 삽입
   5) 테두리를 아래 조건에 맞게 지정하시오.
      - 표 전체의 외곽 테두리선은 [보기] ⑪과 같이 이중 실선
      - 표 전체의 내부 세로선은 [보기] ⑪과 같이 점선
   6) 표 아래 가운데에 '표 1'로 캡션을 지정

3. [보기] ⑫와 같은 표와 [보기] ⑬과 같은 차트를 작성하시오. (그림, 외부개체로 입력되면 감점됨)
   1) [보기] ⑫와 같이 4행 4열 표를 작성하시오.

생산량(단위:천)	세계	중국	합계
2016년	5,896	2,326	
2017년	6,048	2,473	
2018년	6,338	2,626	

2) 표 전체의 내용을 입력하고, 글꼴은 돋움체, 글자 크기는 11pt로 지정
3) 표 아래 가운데에 '표 2'로 캡션을 지정
4) 작성한 표의 2행 4열부터 4행 4열은 표의 수식 입력 기능으로 합계를 구하시오.
5) 1)번에서 작성한 표에서 합계를 제외한 생산량(단위:천)과 세계를 이용하여 [보기] ⑬과 같이 차트를 작성하시오.
 – 차트의 종류 : 묶은 세로 막대형(2차원 세로 막대형)
 – 범례는 위쪽으로 지정
 – 차트 크기는 너비 100mm, 높이 70mm
 – 차트 위치는 표의 아래쪽

〈표와 차트 작성하기〉의 중점사항

1. 글맵시
2. 표
3. 차트
4. 따라하기

☞ **중점사항** 내용을 알고 있으면 **따라하기**로 이동하세요.

1 글맵시

글맵시는 글자에 외곽선, 면 채우기, 그림자, 회전 등의 효과를 주어 문자를 꾸미는 기능입니다. [입력]메뉴 – 글맵시(📝)를 클릭하여 주어진 글맵시 모양을 선택하거나 [글맵시] 화살표를 누르고 [글맵시 종류]창에서 [글맵시]를 클릭합니다.

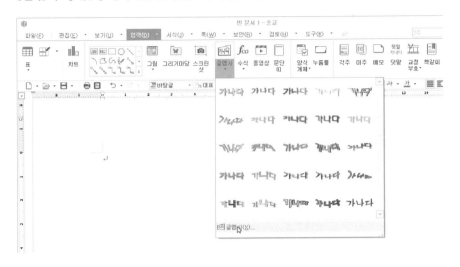

[글맵시 만들기]대화상자에서 필요한 내용을 입력하고, 글꼴과 글자 간격 등을 선택합니다. 글맵시 모양에서 원하는 모양을 선택하고 [설정]을 클릭합니다.

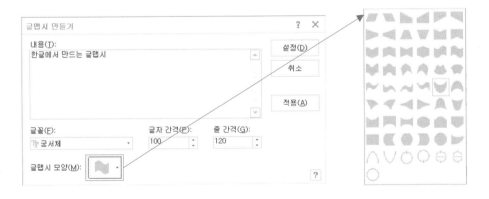

'역손톱모양'의 글맵시 모양을 적용한 모양입니다.

작성된 글맵시는 다음 방법으로 수정할 수 있습니다.

① [개체]메뉴의 [내용편집]을 클릭하여 [글맵시 고치기]대화상자에서 수정합니다.

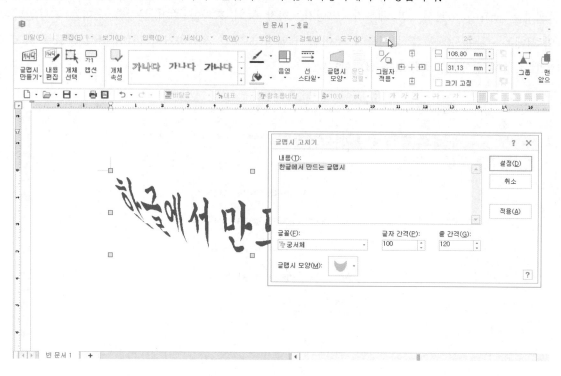

② 삽입된 글맵시는 개체로 취급되어 개체를 두 번 누르면 나타나는 [개체 속성]대화상자의 [글맵시] 탭에서 수정할 수 있고, 크기는 [개체속성]대화상자의 [기본]탭에서 지정할 수 있습니다.

2 표

01 표 만들기

문서의 복잡한 내용이나 수치 자료를 일목요연하게 정리하고자 할 때에는 표를 이용합니다.
[입력]메뉴의 [표 만들기]를 클릭하여 [표 만들기]대화상자에 줄 수와 칸 수를 입력하여 만들거나,
[표 그리기](📑) 기능을 사용하면 마우스를 연필처럼 그려서 표를 만들 수 있습니다.

표의 최대 줄 수와 칸 수는 128×128이며, 줄 수가 늘어나면 칸 수는 줄어듭니다. 즉, 총 셀의
수는 16,384개까지 만들 수 있습니다.

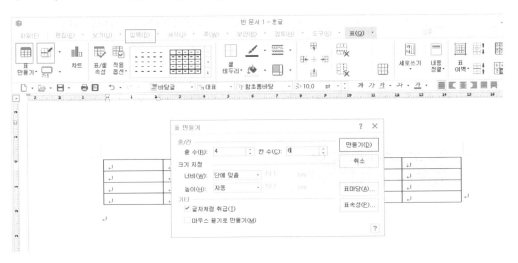

02 문자열을 표로 만들기

블록으로 지정한 문자열을 표로 변환합니다. 문자열을 표로 전환할 때의 분리 방법은 쉼표, 탭,
기타문자 등으로 지정할 수 있습니다.

03 블록 계산식과 블록 계산

1) 천단위 구분 자릿점 넣기

표 안의 숫자에 1,000단위마다 자릿점을 넣을 때 사용합니다.

[1,000 단위 구분 쉼표] – [자릿점 넣기]를 하면 셀 블록으로 지정한 영역의 1,000단위가 넘는 숫자에 1,000단위마다 자릿점(,)을 넣어줍니다. 이렇게 삽입한 1,000단위 자릿점(,)은 [자릿점 빼기]로 일괄 삭제할 수 있습니다.

표에서 숫자가 입력되어 있는 부분을 블록으로 지정하고 빠른 메뉴의 [1,000 단위 구분 쉼표] – [자릿점 넣기] 혹은 [표]메뉴의 (1,000 단위 구분 쉼표) – [자릿점 넣기]를 클릭합니다.

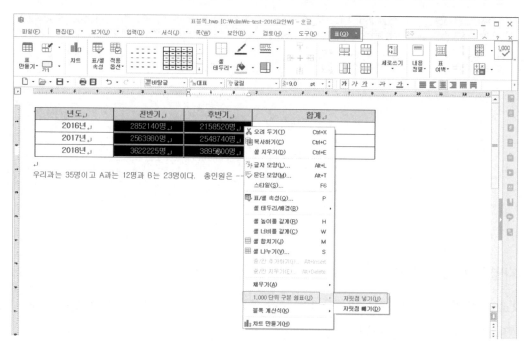

셀의 내용에 숫자가 아닌 문자가 입력되어 있으면 문자는 무시되고 숫자를 기준으로 자릿점(,)을 표시합니다.
띄어쓰기가 숫자 사이에 있으면(예 : 1000 23) 띄어쓰기가 문자로 취급되어 서로 다른 숫자로 인식합니다.(결과 : 1,000 23)

년도	전반기	후반기	합계
2016년	2,852,140명	2,158,520명	
2017년	2,563,980명	2,548,740명	
2018년	3,622,225명	3,895,200명	

2) 블록 계산식

블록 계산식은 표 안에서 셀 블록을 설정한 후 '블록 합계, 블록 평균, 블록 곱' 등을 쉽게 계산할 수 있습니다.

계산 결과를 넣을 수 있는 빈 셀이 반드시 필요합니다.

표의 숫자가 입력되어 있는 부분을 블록으로 지정하고 빠른 메뉴의 [블록 계산식] – [블록 합계] 혹은 [표]메뉴의 ⊞(계산식) – [블록 합계]를 클릭합니다.

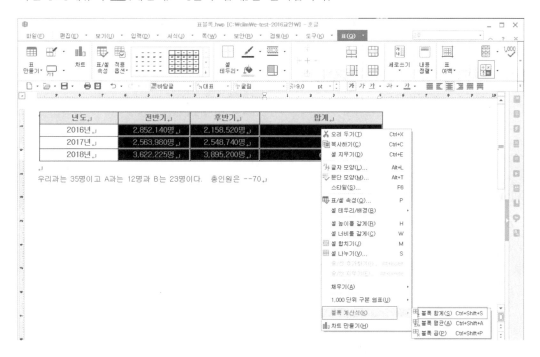

입력한 데이터의 오른쪽 셀이 비어있으므로 결과는 오른쪽 셀이 기록 됩니다.

년도	전반기	후반기	합계
2016년	2,852,140명	2,158,520명	5,010,660
2017년	2,563,980명	2,548,740명	5,112,720
2018년	3,622,225명	3,895,200명	7,517,425

아래쪽 셀이 비어있다면 결과는 아래쪽 셀에 기록됩니다.
아래쪽 셀과 오른쪽 셀이 모두 비어있다면 결과는 아래쪽 셀과 오른쪽 셀에 동시에 기록됩니다.

셀의 내용이 바뀌면 합계 계산은 자동으로 변경됩니다.

3) 블록 계산

블록 계산은 블록으로 지정된 곳에 들어 있는 숫자들의 합과 평균을 구하는 기능입니다.

본문 내용 중 숫자를 포함하고 있는 부분을 블록으로 지정하고 [도구]메뉴의 [블록 계산] – [블록 합계]를 클릭합니다. [블록 계산 결과]대화상자에서 합계, 평균 등을 선택하고 [복사] 혹은 [넣기]를 클릭합니다.

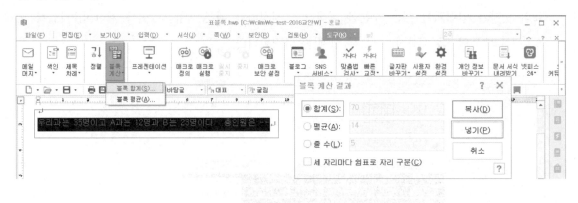

블록의 내용 중 숫자와 '+', '−', 쉼표(,)와 소수점(.)만 취하여 숫자 값으로 인지하고, 다른 문자나 괄호 등은 무시하고 계산합니다.

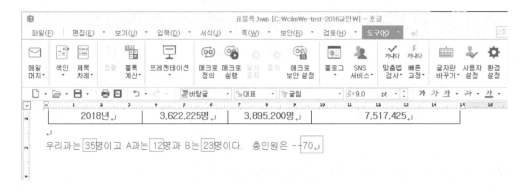

04 셀 크기 조절

셀을 드래그하거나 F5키를 눌러 셀 블록을 지정하고, Ctrl+방향키(예:↓)를 누르면 행 혹은 열 전체의 크기가 커지거나 작아지고, Shift+방향키(예:↑)를 누르면 선택된 셀만 크기가 커지거나 작아집니다.

년도	전반기	후반기	합계
2016년	2,852,140명	2,158,520명	5,01●,660
2017년	2,563,980명	2,548,740명	5,112,720
2018년	3,622,225명	3,895,200명	7,517,425

③ 차트

[차트]는 자료 변화를 한눈에 알아보기 쉽게 그래프 형식으로 제공하는 기능입니다. 표의 내용을 셀 블록으로 설정하여 쉽게 차트를 만들 수 있습니다.

01 차트 만들기

1) 차트 만들고 데이터 입력

차트에 필요한 데이터를 입력하지 않은 상태에서 차트를 만들고, 데이터를 입력합니다. 문서에 차트에 사용한 데이터를 표시하지 않을 경우 유용합니다.

[입력]메뉴의 [차트]를 누르면 3차원 세로 막대 차트가 기본으로 삽입됩니다.

삽입된 차트를 두 번 눌러서 선택한 다음 빠른 메뉴의 [차트 데이터 편집]을 클릭합니다.
[차트 데이터 편집] 대화 상자가 나타나면, 자료를 입력(수정)합니다. 행/열 추가하기, 행/열 삭제하기 아이콘을 눌러 표의 크기를 조절할 수 있습니다. 데이터 편집을 마친 다음 [확인] 단추를 누릅니다.

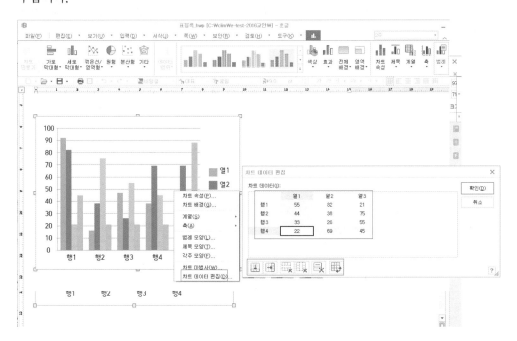

변경된 값이 차트에 적용됩니다.

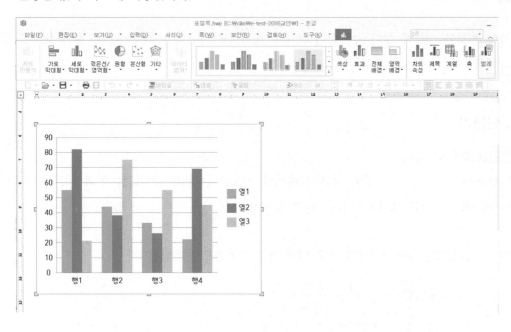

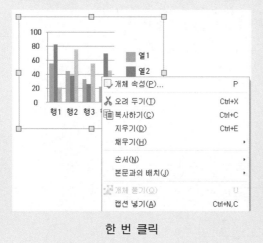
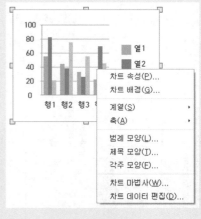

2) 표 데이터를 이용한 차트 만들기

차트에 필요한 데이터를 표로 만들고, 표를 이용하여 차트를 작성합니다. 차트와 함께 표를 문서에 표시할 수 있고, 표의 내용이 변경되면 변경된 내용은 표에 즉시 반영됩니다.

표를 만들고, 차트에 필요한 영역을 블록으로 지정하고, [입력]메뉴의 [차트]를 누릅니다.

표 아래쪽에 3차원 세로 막대 차트가 삽입됩니다.

[차트 마법사] 혹은 [차트]메뉴를 사용하여 원하는 형태로 차트를 편집합니다.

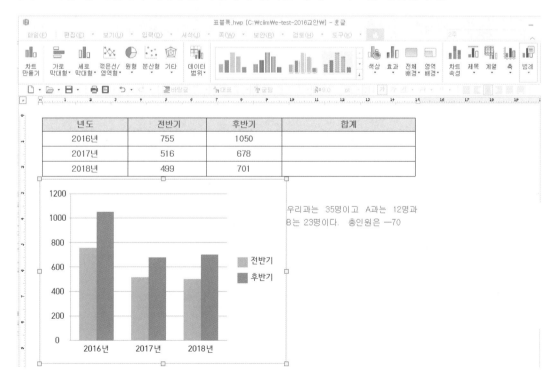

02 차트 마법사

차트 마법사는 작성된 차트를 사용자가 원하는 모양으로 만들기 위하여 마법사가 단계별로 지정하여 차트를 만드는 기능입니다.

차트의 편집 상태에서 빠른 메뉴의 [차트 마법사]를 클릭합니다. [차트 마법사 – 3단계 중 1단계] 대화상자에서 차트 종류를 선택하고 [다음]을 클릭합니다.

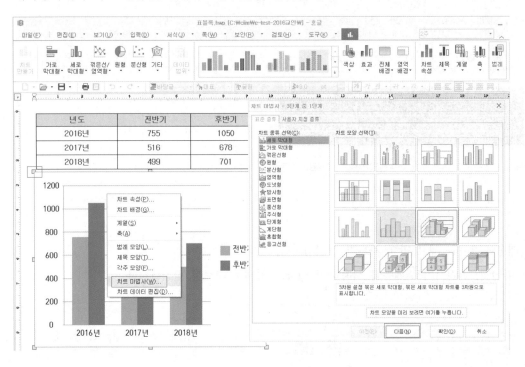

[차트 마법사 – 3단계 중 2단계]대화상자에서 방향을 선택하고 [다음]을 클릭합니다.

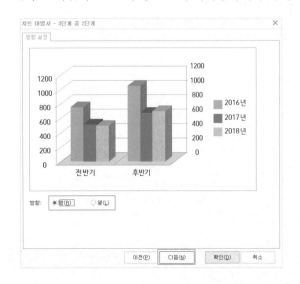

[차트 마법사 – 마지막 단계]대화상자의 [제목]탭에서 차트 제목과 X(항목) 축 제목, Y(값) 축 제목에 각각의 제목을 입력하고, [범례]탭에서 범례 표시 위치를 선택하고, [확인]을 클릭합니다.

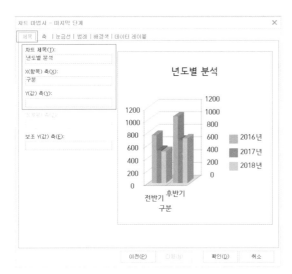
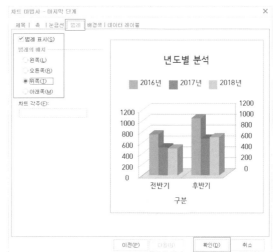

작성된 차트가 표 아래쪽에 표시됩니다. 표 아래쪽에 이미 입력되어 있는 내용이 있으면 내용의 앞에 표시됩니다.

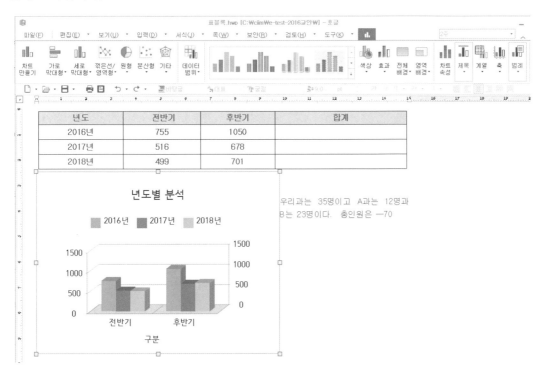

차트의 바깥쪽을 클릭하여 차트 편집상태를 해제하고, 다시 차트를 클릭하여 차트를 선택합니다.
[차트]메뉴의 크기를 너비 : 100, 높이 : 80을 입력하고, [글자처럼 취급]을 선택합니다.

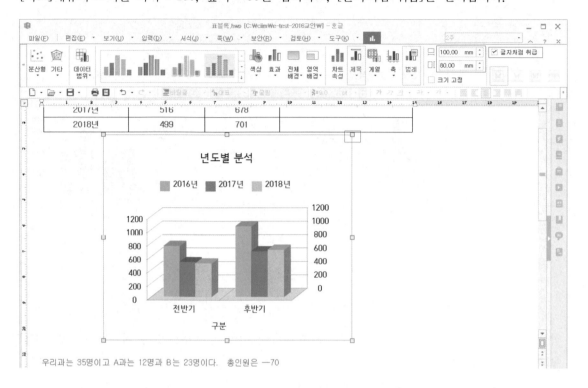

차트의 크기 및 배치 등은 [개체 속성]대화상자에서 수정해도 됩니다.

03 [차트] 메뉴

[차트]메뉴는 차트를 입력하고 편집하는데 필요한 기능을 모아 놓은 곳입니다. 차트 종류 변경 및
색상, 효과, 크기 범례 등을 편집하고 스타일을 설정하는 작업을 쉽게 할 수 있습니다.

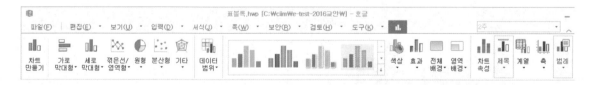

4 따라하기

시작파일 : 따라하기NEO＼2장따라하기결과.hwp, 결과파일 : 따라하기NEO＼3장따라하기결과.hwp

> 1. [보기] ⑩과 같이 다음 페이지에 글맵시를 이용하여 표제목을 작성하시오.
>   1) 표제목은 '@ 전통차 종류와 특성 @'으로 입력
>   2) 글꼴은 궁서체, 글자 내부색은 기본-바다색
>   3) 전체 모양은 ■, 크기는 너비 130mm, 높이 16mm

1. '하이퍼링크' 다음 줄에서 Ctrl + Enter↵를 누르거나, Enter↵를 여러 번 입력하여 다음 페이지로 이동합니다.

2. [입력]메뉴의 [글맵시] – [글맵시 만들기]대화상자의 내용에 '@ 전통차 종류와 특성 @' 입력 – 글꼴 : 궁서체, 글맵시 모양에서 ■ 모양 선택 – [설정] 클릭

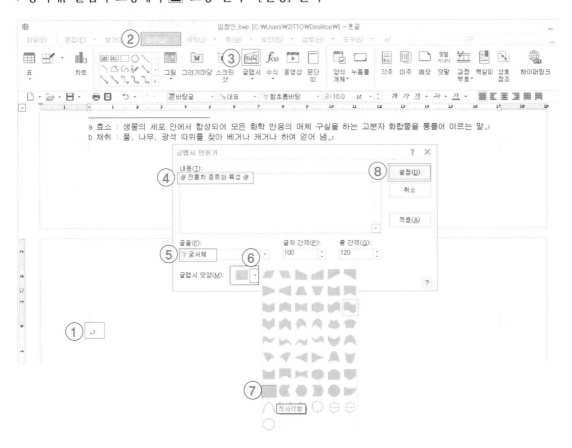

3. 글맵시를 더블 클릭하거나 빠른 메뉴의 [개체 속성]을 클릭 – [개체속성]대화상자의 [채우기]탭 –
   면색 펼침 화살표 – 색상테마 펼침 화살표 – 기본 – '바다색' 클릭

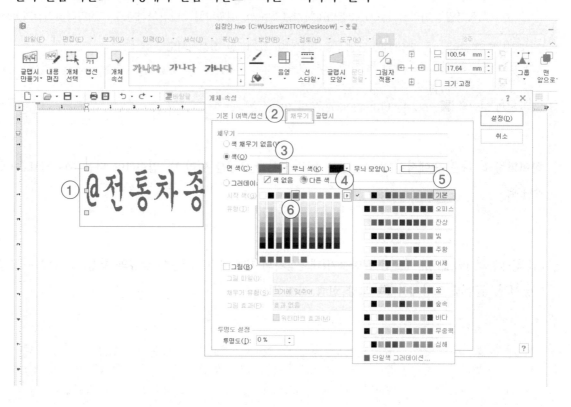

4. [기본]탭 – 크기의 너비 : 130, 높이 : 16 입력 – 크기 고정 선택 – 위치의 '글자처럼 취급' 선택 –
   [설정] 클릭

5. 완성된 글맵시를 블록으로 지정 – [서식 도구 상자]의 가운데 정렬 클릭

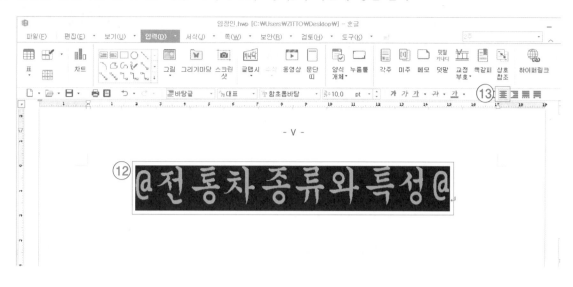

☝ **참고** ⤳ 글맵시의 크기 고정 및 위치

1) 크기 고정

글맵시를 작성하고 크기를 지정할 때 [크기 고정]은 하지 않아도 되고 e-Test 시험에서 채점 기준은
아닙니다. 그러나 [크기 고정]을 선택하면 너비와 높이를 지정한 후 마우스를 드래그하여 크기를 변경하는
실수를 줄일 수 있습니다.

2) 위치(배치)

글맵시를 작성하고 위치를 지정하지 않고 문제와 같이 올바른 위치로 드래그해도 감점되지 않습니다.
그러나 '글자처럼 취급'을 하지 않으면 다른 내용을 입력할 때 사용자가 원하는 위치가 아닌 다른 위치로
이동할 수 있으므로 주의합니다.

3) 글맵시를 만들면 [글맵시]메뉴가 활성화 되고, 글맵시 모양 및 정렬, 배치와 같은 편집 기능 및 채우기,
선 색, 선 종류 등 글맵시 스타일 작업을 할 수 있습니다.

2. [보기] ⑪과 같이 표를 작성하시오. (4행 5열)

   1) 셀 합치기를 지정하시오.

     – 2행 4열 ~ 3행 4열은 셀 합치기

     – 2행 5열 ~ 4행 5열은 셀 합치기

   2) [보기] ⑪을 확대한 그림을 보고 표 전체의 내용을 입력하고, 글꼴은 돋움체,

     글자 크기는 11pt로 지정

   3) 1행 1열 ~ 1행 5열의 글자 색은 기본-하양, 내부색은 오피스-빨강, 가로

     가운데 정렬로 지정

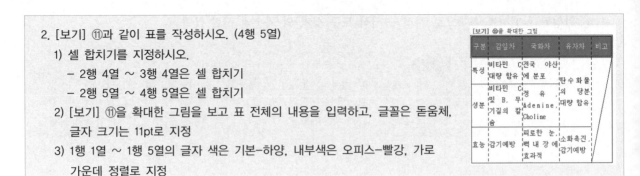

[보기] ⑪을 확대한 그림

구분	갑잎차	국화차	유자차	비고
특성	비타민 C 대량 함유	전국 야산에 분포		탄수화물의 당분
성분	비타민 C 및 B. 무기질의 칼슘	정유 Adenine Choline		대량 함유
효능	감기예방	피로한 눈, 벽 내 장에 효과적	소화촉진 감기예방	

1. 글맵시 뒤에서 Enter↵를 입력하여 줄을 띄우고 Ctrl+1을 눌러 바탕글 스타일 지정

2. [입력]탭의 [표] – [표 만들기]대화상자의 줄/칸에서 줄 수 : 4, 칸 수 : 5 입력 – '글자처럼 취급' 선택 – [만들기] 클릭

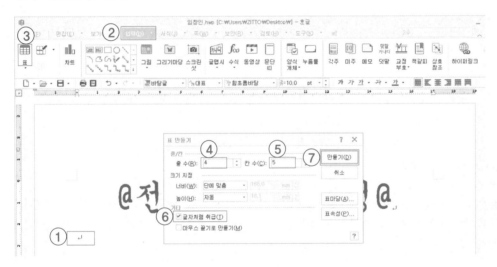

3. 2행 4열 ~ 3행 4열 블록 – M을 누르거나 [표]메뉴의 ⊞(셀 합치기) 클릭

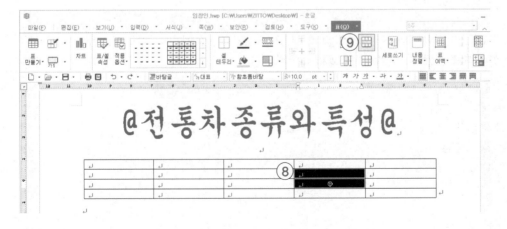

4. 2행 5열 ~ 4행 5열 블록 – M을 누르거나 [표]메뉴의 ⊞(셀 합치기) 클릭

5. 보기를 참고하여 내용 입력

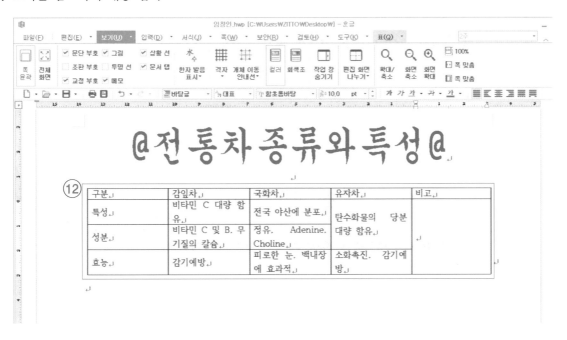

6. 표 전체 블록 – [서식 도구 상자]에서 글꼴 : 돋움체, 글자 크기 : 11 입력

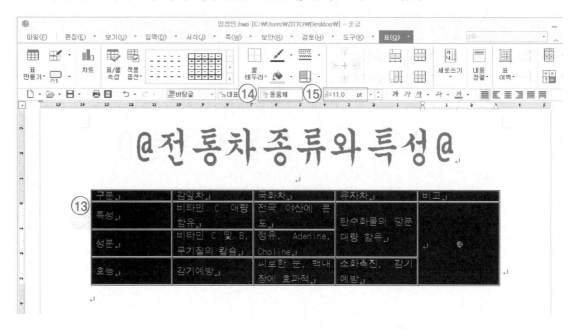

7. 1행 전체 블록 – [서식 도구 상자]의 글자색 펼침 화살표 – 색상테마 펼침 화살표 – 기본 – '하양' 선택

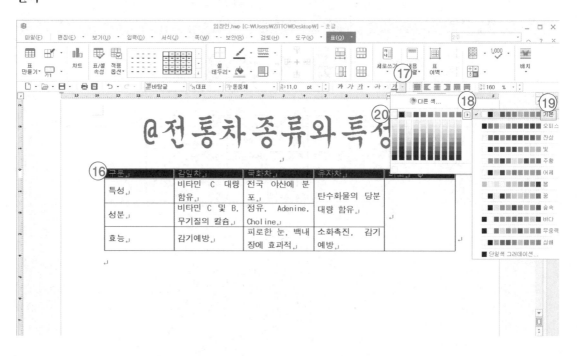

8. (블록 유지) [표]메뉴의 셀 배경색 펼침 화살표 – 색상테마 펼침 화살표 – 오피스 – '빨강' 선택 –
[서식 도구 상자]의 가운데 정렬 클릭

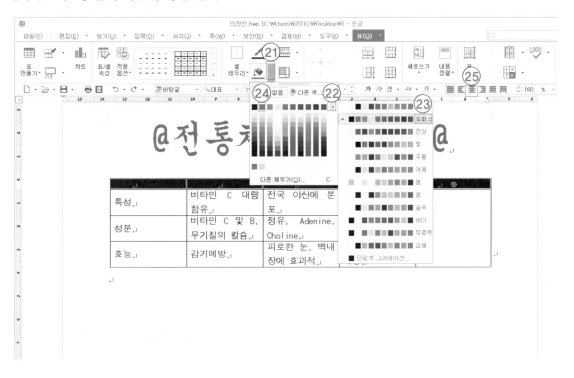

9. 문제의 [보기]를 참고하여 셀 구분선을 왼쪽 혹은 오른쪽으로 드래그하여 표의 폭 조절

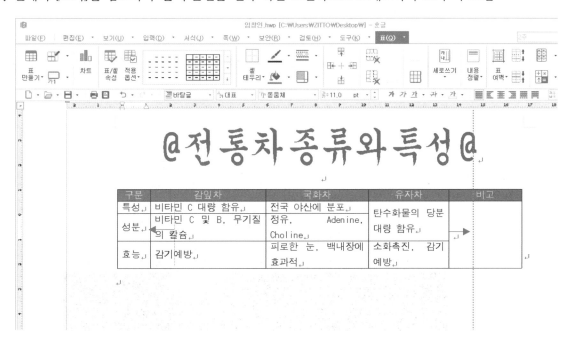

1. 2행 5열 ~ 4행 5열 블록 지정(클릭만 하면 됨) – [표]메뉴의 [셀 테두리]펼침 화살표 – 대각선 위 클릭, [표]메뉴의 [셀 테두리]펼침 화살표 – 대각선 아래 클릭

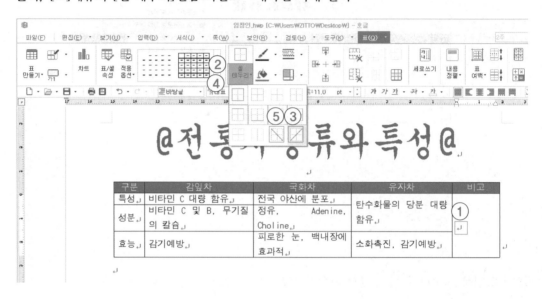

2. 표 전체 블록 – [표]메뉴의 ▧(셀 테두리 모양/굵기) – 셀 테두리 모양 – 이중선 클릭, [셀 테두리] 펼침 화살표 – 바깥쪽 모두 클릭

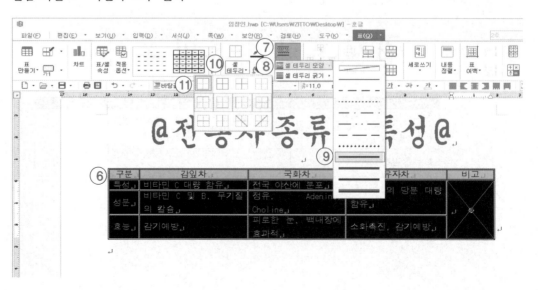

3. (블록 유지) – [표]메뉴의 ▦(셀 테두리 모양/굵기) – 셀 테두리 모양 – 점선 클릭, [셀 테두리]펼침 화살표 – 안쪽 세로 클릭

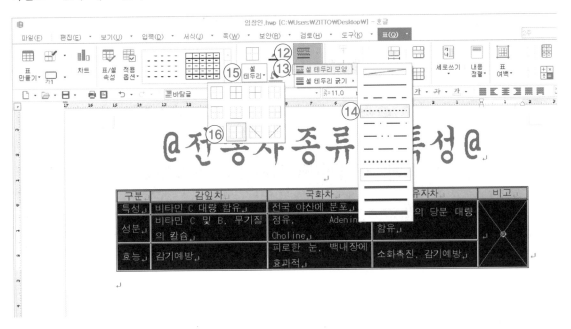

4. 표의 빠른 메뉴의 [캡션 넣기] – 캡션에 자동으로 '표 1'이 입력됨

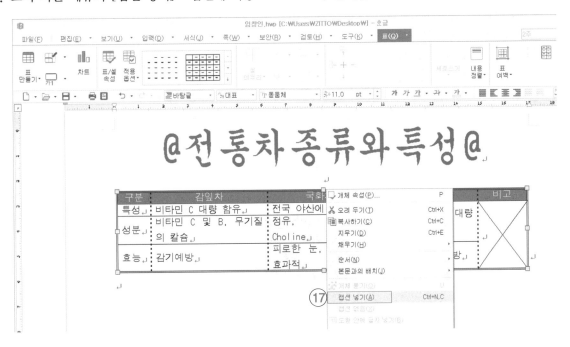

5. [서식 도구 상자의 가운데 정렬 클릭

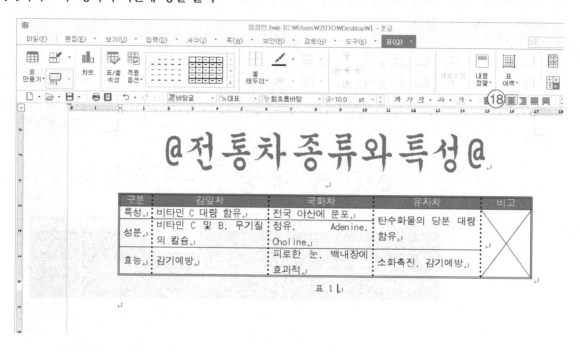

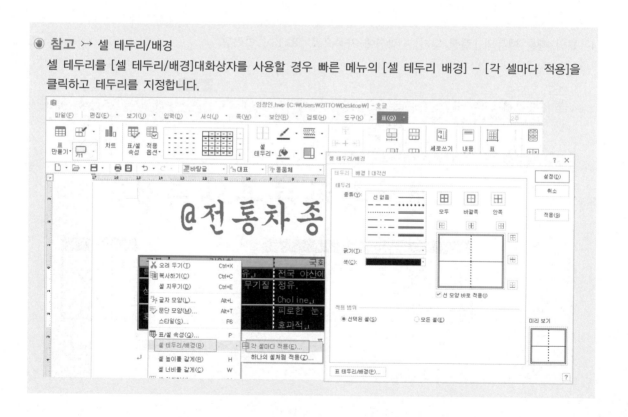

3. [보기] ⑫와 같은 표와 [보기] ⑬과 같은 차트를 작성하시오. (그림, 외부개체로 입력되면 감점됨)

1) [보기] ⑫와 같이 4행 4열 표를 작성하시오.

생산량(단위:천)	세계	중국	합계
2016년	5,896	2,326	
2017년	6,048	2,473	
2018년	6,338	2,626	

2) 표 전체의 내용을 입력하고, 글꼴은 돋움체, 글자 크기는 11pt로 지정

3) 표 아래 가운데에 '표 2'로 캡션을 지정

4) 작성한 표의 2행 4열부터 4행 4열은 표의 수식 입력 기능으로 합계를 구하시오.

1. 첫 번째 표의 아래에서 [입력]탭의 [표] – [표 만들기]대화상자의 줄/칸에서 줄 수 : 4, 칸 수 : 4 입력 – '글자처럼 취급' 선택 – [만들기] 클릭

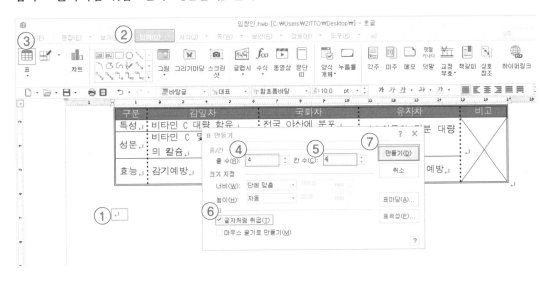

2. 표에 내용 입력

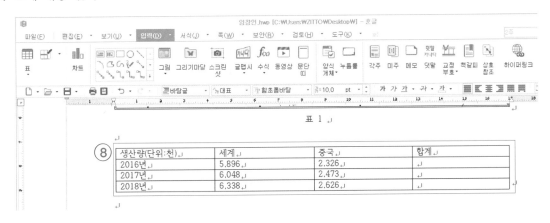

3. 표 전체 블록 – [서식 도구 상자]에서 글꼴 : 돋움체, 글자 크기 : 11 입력

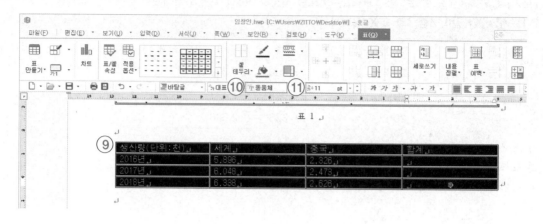

4. 표의 빠른 메뉴의 [캡션 넣기] – 캡션에 자동으로 '표 2'가 입력됨

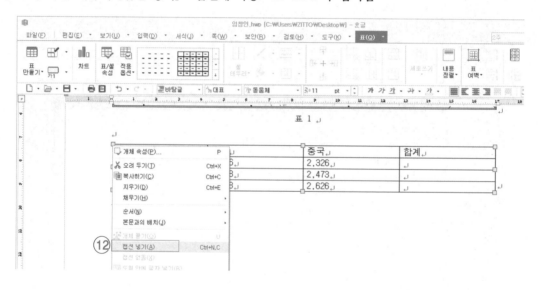

5. [서식 도구 상자]의 가운데 정렬 클릭

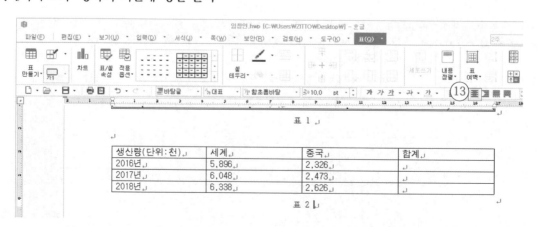

6. 표의 2행 2열~4행 4열 블록 - 빠른 메뉴의 [블록 계산식] - [블록 합계] 클릭

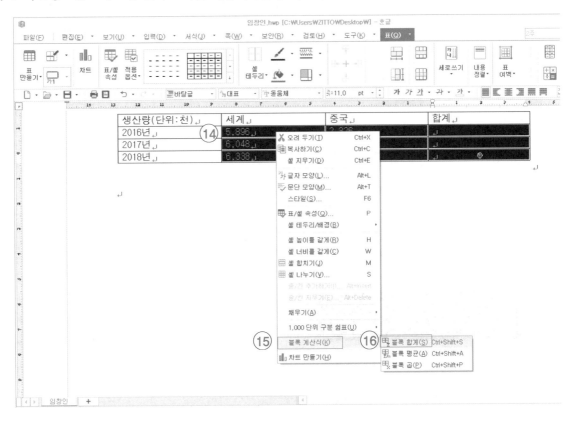

💮 **참고** ⟶ [블록 계산식]

[블록 계산식]을 [표]메뉴를 이용할 경우 ⬚(블록 계산식)을 클릭합니다.

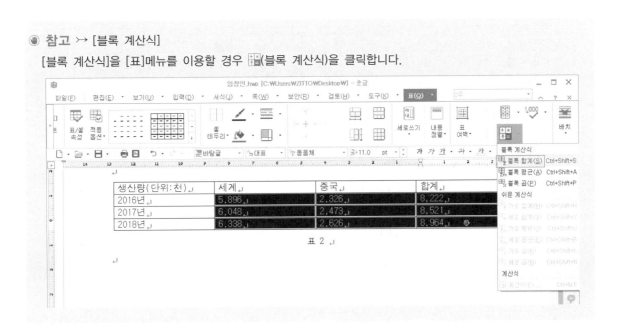

표 2

5) 1)번에서 작성한 표에서 합계를 제외한 생산량(단위:천)과 세계를 이용하여 [보기] ⑬과 같이 차트를
작성하시오.
- 차트의 종류 : 묶은 세로 막대형(2차원 세로 막대형)
- 범례는 위쪽으로 지정
- 차트 크기는 너비 100mm, 높이 70mm
- 차트 위치는 표의 아래쪽

1. '생산량(단위:천)'과 '세계' 열 블록 - [입력]메뉴 - [차트] 클릭

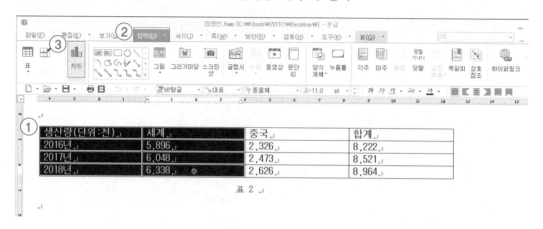

표 2

2. 기본차트가 삽입되면 작성된 차트를 두 번 클릭하여 차트 편집 모드로 전환

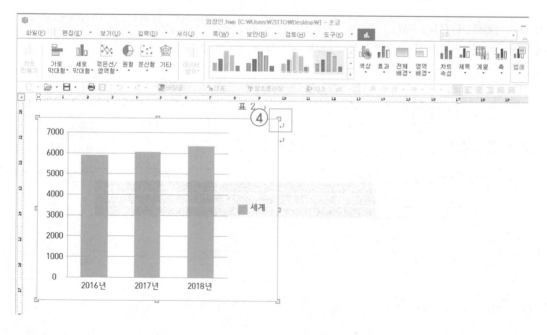

3. 차트의 빠른 메뉴의 [차트 마법사] 클릭

[차트 마법사 - 3단계 중 1단계]대화상자의 [표준 종류]탭 - '묶은 세로 막대형' 선택 - [다음] 클릭

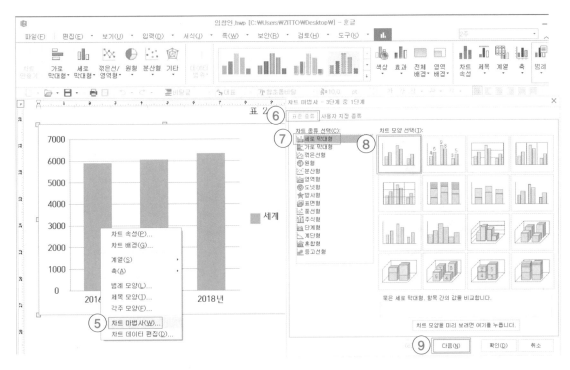

4. [차트 마법사 - 3단계 중 2단계]대화상자의 문제의 [보기]를 참고하여 '행' 선택 - [다음] 클릭

[차트 마법사 - 마지막 단계]대화상자의 [범례]탭 - '위쪽' 선택 - [확인] 클릭

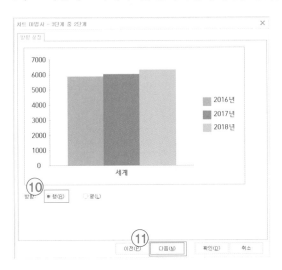

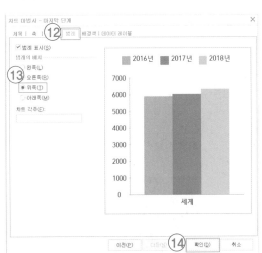

5. 차트 바깥쪽을 클릭하여 차트 편집 상태 해제 – 차트의 빠른 메뉴의 [개체 속성] – [기본]탭 – 크기
   의 너비 : 100, 높이 : 70 입력 – [설정] 클릭

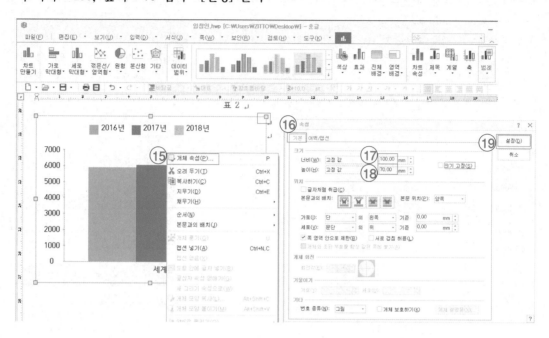

6. 완성된 차트를 표의 아래쪽으로 드래그합니다.

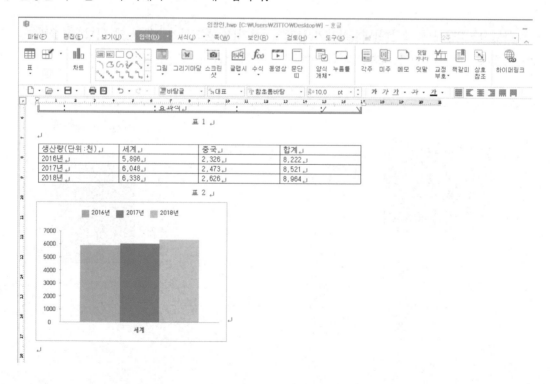

연습문제 1

시작파일 : 연습문제NEO \ 연습-2장1번.hwp, 결과파일 : 연습문제NEO \ 연습-3장1번.hwp

[보기]	[처리사항]

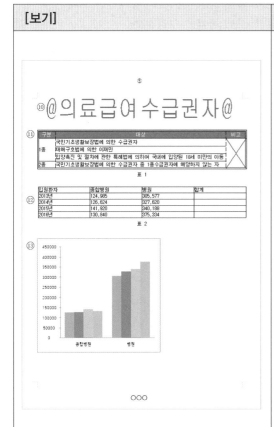
 	
[보기] ⑪을 확대한 그림
 	
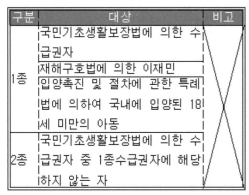
	〈표와 차트 작성하기〉
	배점 1번(40), 2번(60), 3번(40)
	
	1. [보기] ⑩과 같이 다음 페이지에 글맵시를 이용하여 표제목을 작성하시오.
	 1) 표제목은 '@ 의료급여 수급권자 @'로 입력
	 2) 글꼴은 굴림체, 글자 내부색은 기본-바다색
	 3) 전체 모양은 ■, 크기는 너비 150mm, 높이 17mm
	2. [보기] ⑪과 같이 표를 작성하시오. (5행 3열)
	 1) 셀 합치기를 지정하시오.
	  – 2행 1열 ~ 4행 1열은 셀 합치기
	  – 2행 3열 ~ 5행 3열은 셀 합치기
	 2) [보기] ⑪을 확대한 그림을 보고 표 전체의 내용을 입력하고, 글꼴은 돋움체, 글자 크기는 11pt로 지정
	 3) 1행 1열 ~ 1행 3열의 글자 색은 기본-하양, 내부색은 오피스-빨강, 가로 가운데 정렬로 지정
	 4) 합친 2행 3열 ~ 5행 3열은 [보기] ⑪과 같이 양방향 대각선 삽입
	 5) 테두리를 아래 조건에 맞게 지정하시오.
	  – 표 전체의 외곽 테두리선은 [보기] ⑪과 같이 이중 실선
	  – 표 전체의 내부 세로선은 [보기] ⑪과 같이 점선
	 6) 표 아래 가운데에 '표 1'로 캡션을 지정
	3. [보기] ⑫와 같은 표와 [보기] ⑬과 같은 차트를 작성하시오. (그림, 외부개체로 입력되면 감점됨)
	 1) [보기] ⑫와 같이 5행 4열 표를 작성하시오.

입원환자	종합병원	병원	합계
2013년	124,985	305,577	
2014년	126,624	327,620	
2015년	141,920	340,188	
2016년	130,840	375,334	

[보기]	[처리사항]

	2) 표 전체의 내용을 입력하고, 글꼴은 돋움체, 글자 크기는 11pt로 지정
	3) 표 아래 가운데에 '표 2'로 캡션을 지정
	4) 작성한 표의 2행 4열부터 5행 4열은 표의 수식 입력 기능으로 합계를 구하시오.
	5) 1)번에서 작성한 표에서 입원환자와 종합병원, 병원을 이용하여 [보기] ⑬과 같이 차트를 작성하시오.
	  – 차트의 종류 : 묶은 세로 막대형(2차원 세로 막대형)
	  – 범례가 나타나지 않도록 지정
	  – 차트 크기는 너비 100mm, 높이 90mm
	  – 차트 위치는 표의 아래쪽

연습문제 2

시작파일 : 연습문제NEO \ 연습-2장2번.hwp, 결과파일 : 연습문제NEO \ 연습-3장2번.hwp

[보기]	[처리사항]

[보기]

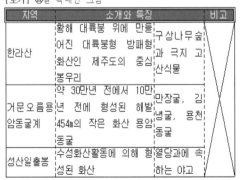

[처리사항]

〈표와 차트 작성하기〉

배점 1번(40), 2번(60), 3번(40)

1. [보기] ⑩과 같이 다음 페이지에 글맵시를 이용하여 표제목을 작성하시오.

   1) 표제목은 '% 유네스코 자연유산 등재 %'로 입력

   2) 글꼴은 굴림체, 글자 내부색은 오피스-초록

   3) 전체 모양은 ■, 크기는 너비 125mm, 높이 15mm

2. [보기] ⑪과 같이 표를 작성하시오. (4행 4열)

   1) 셀 합치기를 지정하시오.

   - 1행 2열 ~ 1행 3열은 셀 합치기

   - 2행 4열 ~ 4행 4열은 셀 합치기

   2) [보기] ⑪을 확대한 그림을 보고 표 전체의 내용을 입력하고, 글꼴은 굴림체, 글자 크기는 11pt로 지정

   3) 1행 1열 ~ 1행 4열의 글꼴색은 기본-하양, 내부색은 기본-바다색, 가로 가운데 정렬로 지정

   4) 합친 2행 4열 ~ 4행 4열은 [보기] ⑪과 같이 양방향 대각선 삽입

   5) 테두리를 아래 조건에 맞게 지정하시오.

   - 1행 1열 ~ 1행 4열의 외곽 테두리선은 [보기] ⑪과 같이 이중 실선

   - 표 전체의 내부 세로선은 [보기] ⑪과 같이 점선

   6) 표 아래 가운데에 '표 1'로 캡션을 지정

3. [보기] ⑫와 같은 표와 [보기] ⑬과 같은 차트를 작성하시오. (그림, 외부개체로 입력되면 감점됨)

   1) [보기] ⑫와 같이 4행 4열 표를 작성하시오.

제주도	2019년	2020년	합계
숙박 및 음식점업	14,526	15,571	
운수업	5,207	5,761	
기타 서비스업	5,396	5,424	

   2) 표 전체의 내용을 입력하고, 글꼴은 굴림체, 글자 크기는 11pt로 지정

[보기] ⑩을 확대한 그림

지역	소개와 특징		비고
한라산	황해 대륙붕 위에 만들어진 대륙붕형 방패형 화산인 제주도의 중심 봉우리	구상나무숲과 극지 고산식물	
거문오름용암동굴계	약 30만년 전에서 10만년 전에 형성된 해발 454m의 작은 화산 용암 동굴	만장굴, 김녕굴, 용천동굴	
성산일출봉	수성화산활동에 의해 형성된 화산	열당과에 속하는 야고	

[보기]	[처리사항]
	3) 표 아래 가운데에 '표 2'로 캡션을 지정
	4) 작성한 표의 2행 4열부터 4행 4열은 표의 수식 입력 기능으로 합계를 구하시오.
	5) 1)번에서 작성한 표에서 합계를 제외한 제주도와 2019년, 2020년을 이용하여 [보기] ⑬과 같이 차트를 작성하시오.
	– 차트의 종류 : 묶은 세로 막대형(2차원 세로 막대형)
	– 범례가 나타나지 않도록 지정
	– 차트 크기는 너비 100mm, 높이 80mm
	– 차트 위치는 표의 아래쪽

정보검색과 답안 작성하기

[보기]	[처리사항]
	〈정보검색과 답안 작성하기〉 **배점 1번(10), 2번(15), 3번(15)**

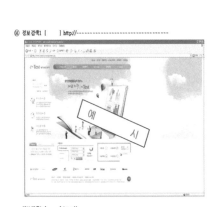

1. [보기] ⑭와 같이 다음 페이지에 검색한 내용을 다음 요구에 따라 작성하시오.
   1) '정보검색1 [   ] http://------------'
      '정보검색2 [   ] http://------------'
      – [   ] 안에 [정보검색]1과 [정보검색]2의 정답을 차례로 입력
      – 반드시 [   ]와 함께 정보검색 답안을 입력
      – [보기] ⑭와 같이 각각의 입력한 답안 아래에 정답이 있는 화면을 'PrintScreen'키를 이용하여 캡처한 후, 'Ctrl+V'로 답안문서에 붙여넣으시오. (크기는 [보기]와 같이 임의로 조절하시오.)

2. [정보검색]1은 아래 검색 문제로 작성하시오.
   한국의 전통차 중의 하나인 작설차는 4월 하순에 피어나는 찻잎 중 어린 새순만을 따서 덖거나 찌고 여러 차례 손으로 비벼서 만든 차(茶)로, 찻잎의 모양이 (   )의 혀 모양을 닮았다고 해서 붙여진 이름이다. 이 차(茶)를 조선시대에는 고다(苦茶) 또는 산차(散茶)라고도 하였으며 따는 시기와 규격, 제조하는 과정에 따라 감로, 특성, 경선, 녹선 등으로 구분한다.
   – (   ) 안에 해당하는 내용을 검색하고, 반드시 검색한 내용이 포함된 페이지의 등록정보 URL과 함께 답안문서에 입력하시오.
   – 반드시 한글 2자로 입력하시오.

3. [정보검색]2는 아래 검색 문제로 작성하시오.
   《삼국사기》에 따르면 우리나라에 차가 전래된 것은 통일신라시대로 (   )왕 때 사신인 대렴이 귀국하는

| | 길에 차의 종자를 가져왔으며, 왕명으로 이 차의 종자를 지리산 남쪽 지역에 심어 재배하도록 하였다고 한다. 이전부터 우리나라의 차는 있었으나 이 때에 이르러 번성하게 되었다고 전하고 있다. |
| | – ( ) 안에 해당하는 내용을 검색하고, 반드시 검색한 내용이 포함된 페이지의 등록정보 URL과 함께 답안문서에 입력하시오.
– 반드시 한글 2자로 입력하시오. |

〈정보검색과 답안 작성하기〉의 중점사항

1. 정보검색
2. 따라하기

☞ **중점사항** 내용을 알고 있으면 **따라하기**로 이동하세요.

◉ **참고** ⤳ URL 표시방법
검색 내용이 포함된 페이지의 URL을 표시할 때 'http://... '와 'https://...' 모두 정답으로 인정합니다.

❶ 정보검색

주어진 문장의 내용을 인터넷에서 검색하고, 검색 답안과 해당 내용이 설명되어 있는 페이지와 URL을 표시합니다.

다음 내용을 검색하여 봅시다.

> 생물 테러의 목적으로 이용되거나 사고 따위에 의하여 외부에 유출될 경우 국민 건강에 심각한 위험을 초래할 수 있는 감염병 병원체를 고위험병원체라하고, 이러한 고위험병원체의 안전한 사용을 위하여 위해등급, 병원체 특성, 감염정보, 진단/예방 치료정보 및 생물안전 정보 등을 제공하고 있다. 감염병 환자, 식품, 동·식물, 그 밖의 환경 등으로부터 고위험병원체를 분리하거나 이미 분리된 고위험병원체를 이동하려는 자는 지체 없이 고위험병원체의 명칭, 분리된 검체명, 분리 일시 또는 이동계획을 (   )에게 신고하여야 한다.

1. 검색기를 실행합니다.

네이버, 구글, 다음 등 인터넷 검색기를 열고, 검색창에 키워드를 입력하고 검색합니다.

위 내용의 키워드는 '고위험병원체', '이동', '신고'로 하겠습니다.

2. 검색내용을 확인하고 링크를 클릭합니다. 네이버 검색결과입니다.

구글 검색결과입니다.

3. 내용을 확인합니다.

4. 답은 '보건복지부장관'입니다.

2 따라하기

시작파일 : 따라하기NEO\3장따라하기결과.hwp, 결과파일 : 따라하기NEO\4장따라하기결과.hwp

1. [보기] ⑭와 같이 다음 페이지에 검색한 내용을 다음 요구에 따라 작성하시오.
   1) '정보검색1 [   ] http://————————'
      '정보검색2 [   ] http://————————'
      – [   ] 안에 [정보검색]1과 [정보검색]2의 정답을 차례로 입력
      – 반드시 [   ]와 함께 정보검색 답안을 입력
      – [보기] ⑭와 같이 각각의 입력한 답안 아래에 정답이 있는 화면을 'PrintScreen'키를 이용하여
        캡처한 후, 'Ctrl+V'로 답안문서에 붙여넣으시오. (크기는 [보기]와 같이 임의로 조절하시오.)
2. [정보검색]1은 아래 검색 문제로 작성하시오.
   한국의 전통차 중의 하나인 작설차는 4월 하순에 피어나는 찻잎 중 어린 새순만을 따서 덖거나 찌고
   여러 차례 손으로 비벼서 만든 차(茶)로, 찻잎의 모양이 (   )의 혀 모양을 닮았다고 해서 붙여진 이름
   이다. 이 차(茶)를 조선시대에는 고다(苦茶) 또는 산차(散茶)라고도 하였으며 따는 시기와 규격, 제조하
   는 과정에 따라 감로, 특성, 경선, 녹선 등으로 구분한다.
   – (   ) 안에 해당하는 내용을 검색하고, 반드시 검색한 내용이 포함된 페이지의 등록정보 URL과
     함께 답안문서에 입력하시오.
   – 반드시 한글 2자로 입력하시오.

1. 인터넷 검색기 실행(필자는 네이버를 사용함) – 키워드인 '작설차, 찻잎, 혀' 입력 – 검색

2. 검색 내용 확인 – 답 : 참새.
   까페나 블로그는 삼가합니다.

3. 검색한 페이지가 나타나면 URL 클릭 – Ctrl+C를 눌러 복사

4. 정보 검색 답안을 작성하기 위하여 차트 뒤에서 Ctrl+Enter↵를 누르거나, Enter↵를 여러번 입력하여 쪽 나누기 – '정보검색1 [참새]' 입력 – Ctrl+V를 눌러 붙여넣기 – Enter↵

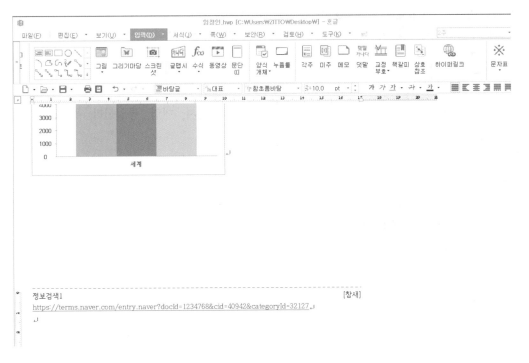

5. 인터넷 검색 페이지로 이동 – PrtSc(Print Screen)키를 눌러 화면 캡처 – 정보 검색 URL 다음 줄에 Ctrl+V를 눌러 붙여넣기 – 이미지 크기를 적당히 줄여주기 – '글자처럼 취급'

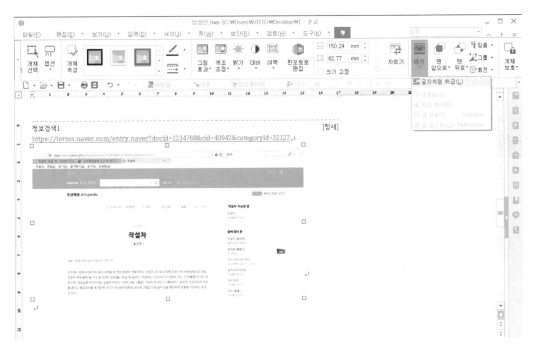

1. 인터넷 검색기 실행(필자는 네이버를 사용함) – 키워드인 '차 종자, 대렴, 통일신라, 왕' 입력 – 검색
 – 검색 페이지로 이동

2. 검색한 페이지가 나타나면 URL 클릭 – Ctrl+C를 눌러 복사

3. 정보 검색1의 이미지 뒤에서 Enter↵를 눌러 줄바꾸기 – '정보검색2 [홍덕]' 입력 – Ctrl+V를 눌러 붙여넣기 – Enter↵

4. 인터넷 검색 페이지로 이동 – PrtSc(Print Screen)키를 눌러 화면 캡처 – 정보 검색 URL 다음 줄에 Ctrl+V를 눌러 붙여넣기 – 이미지 크기를 적당히 줄여주기 – '글자처럼 취급'

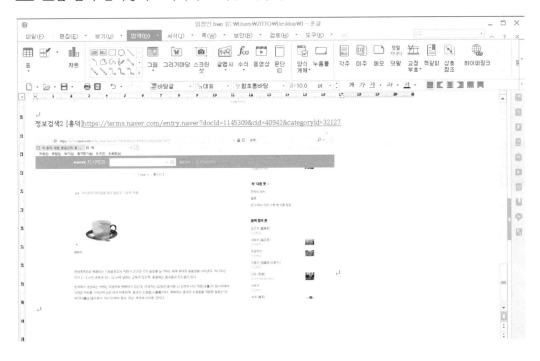

5. 파일 완성 – 답안 제출

◉ 참고 ›› 화면 캡처 이미지

화면을 캡처하여 붙여넣기 한 이미지는 '글자처럼 취급'하는 것이 좋습니다. 시험에서 '글자처럼 취급'은 채점의 대상은 아닙니다. 그러나 '글자처럼 취급'을 하지 않으면 사용자가 원하지 않는 위치로 이미지가 이동할 수 있으니 주의합니다.

◉ 참고 ›› URL

정보검색 결과 URL을 붙여넣기 하면 URL의 길이에 따라 다음 줄로 내려가게 됩니다. 이 경우 정답 뒤에서 Enter↵를 눌러도 됩니다.(아래 그림 두 가지 모두 인정)

정보검색1   [참새]
https://terms.naver.com/entry.naver?docId=1234768&cid=40942&categoryId=32127↵

정보검색1 [참새] ↵
https://terms.naver.com/entry.naver?docId=1234768&cid=40942&categoryId=32127↵

◉ 참고 ›› 정보검색 이미지

정보검색 이미지는 두 문제 모두 3쪽에 있어야 합니다.

◉ 참고 ›› 답안파일

답안 파일은 모두 3페이지 이어야 합니다. Enter↵를 눌러서 실수로 4 페이지가 만들어지지 않도록 주의합니다.

연습문제 1

시작파일 : 연습문제NEO\연습-3장1번.hwp, 결과파일 : 연습문제NEO\연습-4장1번.hwp

[보기]	[처리사항]
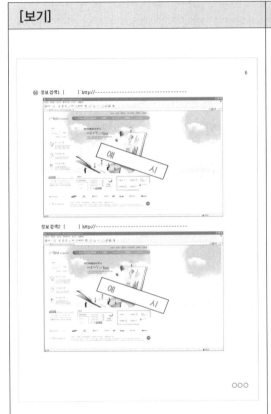	〈정보검색과 답안 작성하기〉 **배점 1번(10), 2번(15), 3번(15)** 1. [보기] ⑭와 같이 다음 페이지에 검색한 내용을 다음 요구에 따라 작성하시오. 　1) '정보검색1 [　　　　] http://――――――――' 　　'정보검색2 [　　　　] http://――――――――' 　　－ [　　] 안에 [정보검색]1과 [정보검색]2의 정답을 차례로 입력 　　－ 반드시 [　　]와 함께 정보검색 답안을 입력 　　－ [보기] ⑭와 같이 각각의 입력한 답안 아래에 정답이 있는 화면을 'PrintScreen'키를 이용하여 캡처한 후, 'Ctrl+V'로 답안문서에 붙여넣으시오. (크기는 [보기]와 같이 임의로 조절하시오.) 2. [정보검색]1은 아래 검색 문제로 작성하시오. 　국가 전염병 연구 및 관리, 생명과학 연구, 교육훈련 기능을 수행하는 기관으로, 감염병으로부터 국민보호 및 안전사회 구현, 효율적 만성질환 관리로 국민 질병부담 감소, 보건의료 R&D 및 연구 인프라 강화로 질병 극복 등이 주요 업무이다. 기원은 1894년 고종의 칙령으로 설치된 위생국에서 찾을 수 있으며, 이후 1935년 설립된 보건원 양성소를 시작으로, 1945년 해방 이후 조선방역연구소·국립화학연구소 등으로 개칭되었다. 이 후 코로나19 사태 등을 계기로 감염병 대응 전문기관으로의 역할을 위해 (　　　) 으로 설립되었다. 　－ (　　) 안에 해당하는 내용을 검색하고, 반드시 검색한 내용이 포함된 페이지의 등록정보 URL과 함께 답안문서에 입력하시오. 　－ 반드시 한글 5자로 입력하시오.

[보기]	[처리사항]
	3. [정보검색]2는 아래 검색 문제로 작성하시오.
	니코틴산(니아신)의 결핍에 의하여 일어나는 ( )
	는 열대나 아열대지방에 많다. 알코올 중독, 결핵, 위
	장병 등이 있으면 걸리기 쉽고 옥수수를 주식으로 하는
	지방에 유행한다. 만성증은 해마다 봄부터 가을 사이에
	나타나는데, 겨울이 되면 호전되고 급성증일 때는 발
	열, 설사, 의식장애를 일으켜 사망하기도 한다. 니코틴
	산을 함유하는 비타민 B3를 투여하면 효과가 있다.
	– ( ) 안에 해당하는 내용을 검색하고, 반드시 검
	색한 내용이 포함된 페이지의 등록정보 URL과 함
	께 답안문서에 입력하시오.
	– 반드시 영문 8자로 입력하시오.

연습문제 2

시작파일 : 연습문제2016＼연습-3장2번.hwp, 결과파일 : 연습문제2016＼연습-4장2번.hwp

[보기]	[처리사항]
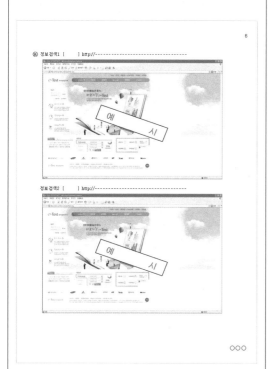	1. [보기] ⑭와 같이 다음 페이지에 검색한 내용을 다음 요구에 따라 작성하시오. 　1) '정보검색1 [　　　] http://------------' 　　'정보검색2 [　　　] http://------------' 　　- [　　　] 안에 [정보검색]1과 [정보검색]2의 정답을 차례로 입력 　　- 반드시 [　　]와 함께 정보검색 답안을 입력 　　- [보기] ⑭와 같이 각각의 입력한 답안 아래에 정답이 있는 화면을 'PrintScreen'키를 이용하여 캡처한 후, 'Ctrl+V'로 답안문서에 붙여넣으시오. (크기는 [보기]와 같이 임의로 조절하시오.) 2. [정보검색]1은 아래 검색 문제로 작성하시오. 　(　　　)은 동쪽은 서산시, 홍성군, 보령시의 해안지대에 의해, 서쪽은 태안군 태안반도 기부의 한반도와 거기 연속되는 안면도(安眠島)에 의해 둘러싸인 남북으로 긴 만이다. 넓은 간석지가 형성되어 있으며, 간척이 된 곳도 많다. 수심이 얕고 암호와 작은 섬들이 많아서 큰 선박이 항행하기 불편하며, 작은 규모의 염전이 곳곳에 열려 있고 김, 굴 양식이 성하다. 　- (　　) 안에 해당하는 내용을 검색하고, 반드시 검색한 내용이 포함된 페이지의 등록정보 URL과 함께 답안문서에 입력하시오. 　- 반드시 한글 3자로 입력하시오. 3. [정보검색]2는 아래 검색 문제로 작성하시오. 　강원도 인제군 기린면과 양양군 서면에 걸쳐 있는 (　　)은 한계령을 사이에 두고 설악산 대청봉과 마주 보고 있다. 산 일대에 펼쳐진 원시림에는 젓나무가 울창하고, 모데미풀 등 갖가지 희귀식물을 비롯하여 참나물, 곰취, 곤드레 등 10여 가지 산나물이 자생한다. 특히 한반도 자생식물의 남북방 한계선이 맞

[보기]	[처리사항]
	닿는 곳으로서, 한반도 자생종의 20%에 해당하는 8백 54종의 식물이 자라고 있어 유네스코에서 생물보존권 지역으로 지정하였고 주전골 성국사 터에 보물 제497호인 양양 오색리 삼층석탑이 남아 있다. – ( ) 안에 해당하는 내용을 검색하고, 반드시 검색한 내용이 포함된 페이지의 등록정보 URL과 함께 답안문서에 입력하시오. – 반드시 한글 3자로 입력하시오.

Part III

실전 모의고사

1회 실전 모의고사

※ 답안 작성 시 주의사항

- 답안문서 파일명은 응시자의 이름으로 저장하십시오.
- 워드프로세서의 기능들을 이용하여 [처리사항]대로 답안문서를 작성하십시오.
  ([보기]를 참고하시오.)
- 반드시 주어진 이미지 자료를 이용하여 답안문서를 작성하십시오.
  (주어진 이미지 자료 외 다른 자료 이용시 감점 처리됩니다.)
- 워드아트, 표 등을 처리사항에서 지시한 갯수이상 여러 개 작성한 경우 감점 처리됩니다.
- 문제에서 지시하지 않은 사항은 프로그램의 기본 설정 값으로 지정하십시오.

[제공 데이터]

주어진 이미지 자료를 이용하여 답안문서를 작성하시오.

(첨부파일보기 클릭시 이미지 자료 페이지 열림)

[보기]	[처리사항]

	〈용지 설정 지정하기〉
	
	배점 1번(8), 2번(12), 3번(16)
	
	1. 페이지 설정은 A4로, 여백은 위쪽, 아래쪽 22mm, 왼쪽, 오른쪽 21mm로 지정하시오.
	
	2. [보기] ①과 같이 머리말/꼬리말 기능을 이용하여 작성하시오.
	  1) 모든 쪽의 하단 오른쪽에 '○○○(응시자 본인의 이름)'을 입력하시오.
	  2) 글꼴은 돋움체, 글자 크기는 13pt
	
	3. [보기] ⑨와 같이 모든 쪽의 상단 오른쪽에 페이지(쪽) 번호를 입력하시오.
	  1) 페이지 시작번호는 '4'로 지정
	  2) 페이지 추가시 자동으로 입력
	
	〈자료 입력과 서식 지정하기〉
	
	배점 1번(16), 2번(48), 3번(16), 4번(24), 5번(20), 6번(40), 7번(20)
	
	1. [보기] ②와 같이 글상자를 이용하여 제목을 작성하시오.

[보기]	[처리사항]
	1) 제목은 '유럽의 섬나라'로 입력
	2) 글꼴은 굴림체, 글자 크기는 35pt, 글자 색은 기본-하양, 장평은 120%, 가로 가운데 정렬
	3) 글상자의 내부색은 오피스-초록, 외곽선은 실선으로 지정하고, 선 색은 기본-검정, 선 굵기 0.4mm

2. [보기] ③과 같이 아래의 내용을 입력하시오.

'영국'은 잉글랜드에서 유래한 말로 정식 이름은 '그레이트 브리튼 북아일랜드 연합 왕국(United kingdom of Great Britain and Northern Ireland)'이다. 북해, 영국 해협, 아일랜드해 및 대서양에 둘러싸여 있는 유럽 서북 해안의 섬나라이며, 북아일랜드, 스코틀랜드, 웨일스, 잉글랜드 4개의 지방이 한 나라로 이루어져 있다. 각 지방은 다른 특성을 띄는데, 잉글랜드는 종교가 영국국교회로 스코틀랜드, 웨일스, 북아일랜드가 믿고 있는 종교인 카톨릭과 다르다. 북아일랜드의 카톨릭 교도들은 영국으로부터 독립하고자 수십 년에 걸쳐 무장투쟁을 벌여온 단체인 아일랜드공화국군(Irish Republican Army:IRA)을 조직하였는데, 이는 마이클 콜린스에 의해 창설되었고 1919년 공식 명칭이 지어졌다. 테러를 활동으로 하는 IRA는 영국 간 무장투쟁으로 많은 갈등이 있어왔으나, 1999년 북아일랜드 자치정부가 수립되고 2001년 IRA가 무장해제를 선언함으로써 평화협정이 이루어졌다. 과거 전쟁 역사 중에는 봉건 귀족인 랭카스터와 요크 두 왕가 사이의 왕위계승 문제를 둘러싸고 30년간 산발적으로 발생한 장미전쟁(War of the Roses)이 있다. 영국은 비록 조그만 섬나라이나 강한 해군을 바탕으로 기존 땅 보다 몇 십 배에 이르는 엄청난 식민지를 차지하여 역사상 처음으로 전세계에 걸친 대영제국을 탄생시켰다. 또한 오늘날 많은 국가들이 뒤따르는 의회 민주주의가 발달하였다.

1) 글꼴은 돋움체, 글자 크기는 12pt
2) 내용의 첫 줄 48pt 들여쓰기
3) 줄 간격은 고정 값, 18pt
4) 한자변환
   공식 -> 공식(公式)
   민주주의 -> 민주주의(民主主義)
3. [보기] ④와 같이 소제목을 입력하시오.

[보기]	[처리사항]
	1) 소제목은 '영국 국회의사당'으로 입력
	2) 소제목 앞뒤에 '■' 기호문자 삽입
	3) 글꼴은 굴림체, 글자 크기는 16pt, 글자 색은 기본 –하양
	4) 글자의 음영은 '기본–검정'으로 지정
	4. [보기] ⑤와 같이 아래의 내용을 입력하시오.
	1) 〈입력 내용〉
	런던 템즈 강변에 있는 빅토리아 왕조 최초의 대규모 건축물로 고딕 복고양식의 대표작이다.
	1840년에 착공하여 건설에 20여 년이 소요되었다.
	시계탑 내의 대시종은 공사 책임자 B.홀의 애칭을 따서 빅벤(Big Ben)이라고 붙였다.
	2) 글머리표로 '■'을 지정
	3) 글꼴은 바탕체, 글자 크기는 11pt
	4) 문단 아래 간격은 11pt
	5. [보기] ⑥과 같이 각주를 작성하시오.
	1) 본문의 '마이클 콜린스'와 '장미전쟁'에 작성하시오.
	2) 각주의 위치는 페이지 아래쪽
	3) 〈각주 입력 내용〉
	마이클 콜린스 : 아일랜드 독립운동가이자 민족주의자로 자유 아일랜드의 초대 총리를 지냈다.
	장미전쟁 : 반란을 일으킨 요크가는 '하얀장미'를, 왕관을 차지하고 있던 랭카스터가는 '붉은장미'를 내걸고 싸웠다.
	4) 글꼴은 굴림체, 글자 크기는 9pt
	5) 각주 번호 모양은 'a'로 지정
	6. [보기] ⑦과 같이 주어진 이미지를 이용하여 작성하시오.
	1) 주어진 '이미지영국건축물'을 삽입
	2) 이미지의 크기는 너비 45mm, 높이 35mm
	3) 삽입된 이미지의 테두리를 기본–검정, 실선, 1mm로 지정
	4) 이미지가 내용의 왼쪽에 위치하도록 지정하고 바깥 여백은 위쪽/아래쪽/왼쪽/오른쪽을 4mm로 지정(반드시 그림서식에서 지정할 것)
	7. [보기] ⑧과 같이 하이퍼링크를 다음 요구에 따라 작성하시오.
	1) 삽입된 그림 아래 행에 '하이퍼링크'라고 입력

[보기]	[처리사항]

[처리사항]

2) 입력한 '하이퍼링크'에 e-Test 홈페이지를 하이퍼링크로 연결

(e-Test 홈페이지 : http://www.e-test.co.kr)

〈표와 차트 작성하기〉
배점 1번(40), 2번(60), 3번(40)

1. [보기] ⑩과 같이 다음 페이지에 글맵시를 이용하여 표제목을 작성하시오.
   1) 표제목은 '% 영국의 건축물 %'으로 입력
   2) 글꼴은 궁서체, 글자 내부색은 오피스-빨강
   3) 전체 모양은 ■, 크기는 너비 110mm, 높이 16mm

2. [보기] ⑪과 같이 표를 작성하시오. (6행 2열)
   1) 셀 합치기를 지정하시오.
      – 2행 1열 ~ 3행 1열은 셀 합치기
      – 4행 1열 ~ 5행 1열은 셀 합치기
   2) [보기] ⑪을 확대한 그림을 보고 표 전체의 내용을 입력하고, 글꼴은 굴림체, 글자 크기는 13pt로 지정
   3) 1행 1열 ~ 1행 2열의 글자 색은 기본-하양, 내부색은 오피스-파랑, 가로 가운데 정렬로 지정
   4) 1행 1열은 [보기] ⑪과 같이 대각선 삽입
   5) 테두리를 아래 조건에 맞게 지정하시오.
      – 표 전체의 외곽 테두리선은 [보기] ⑪과 같이 이중 실선
      – 표 전체의 내부 가로선은 [보기] ⑪과 같이 점선
   6) 표 아래 가운데에 '표 1'로 캡션을 지정

3. [보기] ⑫와 같은 표와 [보기] ⑬과 같은 차트를 작성하시오. (그림, 외부개체로 입력되면 감점됨)
   1) [보기] ⑫와 같이 6행 3열 표를 작성하시오.

영국의 수출입	수출	수입
승용차	1,276	799
항공기부품	362	58
무선전화기	93	1
의약품	20	337
합계		

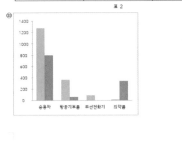

[보기] ⑪을 확대한 그림

내용	
타워 브리지	영국 런던 시내를 흐르는 템즈강에 위치함
	3경간 구성으로 양쪽은 현수교, 중앙은 도개교임
웨스트민스터 사원	고딕 양식의 거대한 성공회 성당임
	유네스코 세계문화유산으로 지정됨
스톤헨지	영국 남부 솔즈베리 평야 중앙에 있는 거석기념물임

Part Ⅲ

실전 모의고사

[보기]	[처리사항]

<table>
<tr><td rowspan="2">
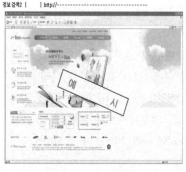</td><td>2) 표 전체의 내용을 입력하고, 글꼴은 굴림체, 글자 크기는 13pt로 지정
3) 표 아래 가운데에 '표 2'로 캡션을 지정
4) 작성한 표의 6행 2열부터 6행 3열은 표의 수식 입력 기능으로 합계를 구하시오.
5) 1)번에서 작성한 표에서 합계를 제외한 영국의 수출입, 수출과 수입을 이용하여 [보기] ⑬과 같이 차트를 작성하시오.
　－ 차트의 종류 : 묶은 세로 막대형(2차원 세로 막대형)
　－ 범례가 나타나지 않도록 지정
　－ 차트 크기는 너비 100mm, 높이 80mm
　－ 차트 위치는 표의 아래쪽</td></tr>
<tr><td>〈정보검색과 답안 작성하기〉
배점 1번(10), 2번(15), 3번(15)

1. [보기] ⑭와 같이 다음 페이지에 검색한 내용을 다음 요구에 따라 작성하시오.
　1) '정보검색1 [　　　] http://－－－－－－－－－－－'
　　 '정보검색2 [　　　] http://－－－－－－－－－－－'
　　－ [　　　] 안에 [정보검색]1과 [정보검색]2의 정답을 차례로 입력
　　－ 반드시 [　　　]와 함께 정보검색 답안을 입력
　　－ [보기] ⑭와 같이 각각의 입력한 답안 아래에 정답이 있는 화면을 'PrintScreen'키를 이용하여 캡처한 후, 'Ctrl+V'로 답안문서에 붙여넣으시오. (크기는 [보기]와 같이 임의로 조절하시오.)

2. [정보검색]1은 아래 검색 문제로 작성하시오.
　중세 말인 1337년부터 1453년까지 116년간 치열했던 (　　　)와 영국의 전쟁이 바로 백년전쟁이다. 명분은 (　　　)의 왕위 계승 문제였고, 실제 원인은 영토 문제였다. 이 나라가 영국에게 극명한 차이로 패하고 있을 때 10대 소녀인 잔 다르크의 등장을 계기로 힘을 얻어 1453년 승리하게 된다.
　　－ (　　　) 안에 동일하게 해당하는 나라를 검색하고, 반드시 검색한 내용이 포함된 페이지의 등록정보</td></tr>
</table>

[보기]	[처리사항]
	URL과 함께 답안문서에 입력하시오.
	– 반드시 한글 3자로 입력하시오.
	3. [정보검색]2는 아래 검색 문제로 작성하시오.
	영국의 찰스 1세의 사랑과 신임을 한 몸에 받고 의회로부터 지독히 미움을 받았던 세력가 버킹엄 공작은 1628년 부하의 칼에 맞아 암살되었다. 우리나라에도 많이 알려져 있는 알렉산드르 뒤마가 지은 ( )에서도 '달타냥'과 함께 신나는 활약을 벌이는 영국의 세력가는 바로 버킹엄 공작이다.
	– ( ) 안에 해당하는 내용을 검색하고, 반드시 검색한 내용이 포함된 페이지의 등록정보 URL과 함께 답안문서에 입력하시오.
	– 반드시 한글 3자로 입력하시오.

실전 모의고사

2회

한글 NEO

※ 답안 작성 시 주의사항

- 답안문서 파일명은 응시자의 이름으로 저장하십시오.
- 워드프로세서의 기능들을 이용하여 [처리사항]대로 답안문서를 작성하십시오.
  ([보기]를 참고하시오.)
- 반드시 주어진 이미지 자료를 이용하여 답안문서를 작성하십시오.
  (주어진 이미지 자료 외 다른 자료 이용시 감점 처리됩니다.)
- 워드아트, 표 등을 처리사항에서 지시한 갯수이상 여러 개 작성한 경우 감점 처리됩니다.
- 문제에서 지시하지 않은 사항은 프로그램의 기본 설정 값으로 지정하십시오.

[제공 데이터]

주어진 이미지 자료를 이용하여 답안문서를 작성하시오.

(첨부파일보기 클릭시 이미지 자료 페이지 열림)

[보기]	[처리사항]
	〈용지 설정 지정하기〉 **배점 1번(8), 2번(12), 3번(16)** 1. 페이지 설정은 A4로, 여백은 위쪽, 아래쪽 21mm, 왼쪽, 오른쪽 22mm로 지정하시오. 2. [보기] ①과 같이 머리말/꼬리말 기능을 이용하여 작성하시오. 　1) 모든 쪽의 하단 오른쪽에 '○○○(응시자 본인의 이름)'을 입력하시오. 　2) 글꼴은 궁서체, 글자 크기는 15pt 3. [보기] ⑨와 같이 모든 쪽의 상단 오른쪽에 페이지 (쪽) 번호를 입력하시오. 　1) 페이지 시작번호는 'iv'로 지정 　2) 페이지 추가시 자동으로 입력 **〈자료 입력과 서식 지정하기〉** **배점 1번(16), 2번(48), 3번(16), 4번(24), 5번(20), 6번(40), 7번(20)** 1. [보기] ②와 같이 글상자를 이용하여 제목을 작성하

[보기]	[처리사항]
	시오.
	1) 제목은 '고추의 매력'으로 입력
	2) 글꼴은 돋움체, 글자 크기는 35pt, 글자 색은 기본-하양, 장평은 110%, 가로 가운데 정렬
	3) 글상자의 내부색은 오피스-파랑, 외곽선은 실선으로 지정하고, 선 색은 기본-검정, 선 굵기 0.4mm
	2. [보기] ③과 같이 아래의 내용을 입력하시오.
	우리의 밥상에 자주 올라오는 고추. 찌개에 넣어 칼칼한 맛을 첨가해 먹기도 하고, 쌈된장에 찍어 다른 반찬 없이도 밥 한 그릇 금세 비우기도 했다. 여러 형태로 사용되는 우리의 밥상에 없어서는 안될 고추는 귀한 후추(Black Pepper)를 대신할 향신료를 찾아 항해를 떠났던 크리스토퍼 콜럼버스(Christopher Columbus)가 '아히(Aji)'라는 라틴 아메리카(Latin America) 고추를 가지고 돌아오면서, 그것이 세계 곳곳으로 퍼져 우리나라까지 전해졌다. 환경과 기후에 따라 세계 곳곳에 존재하는 1,600여종의 고추는 크기와 매운맛도 다양하다. 매운맛은 고추에 함유된 캡사이신 농도를 스코빌 단위(Scoville Heat Unit:SHU)로 계량화 하여 표시한다. 매운맛은 거의 없고 오히려 단맛이 나는 파프리카(Sweet Pepper)는 '0(SHU)', 우리나라의 청양고추는 '10,000(SHU)', '1,075,000(SHU)'에 달하는 인도의 부트 졸로키아 고추가 있다. 사람들은 고추를 먹으면 스트레스(Stress)가 풀린다고도 하고 고추의 캡사이신(Capsaicin) 성분은 지방을 분해 해 주기 때문에 다이어트 효과가 있어 한때 고추 다이어트가 유행이 될 정도 였다. 매운맛은 미각이 아닌 통증이다. 혀의 통각 세포에서 매운맛을 느끼면 이를 중화시키기 위한 반작용으로 엔도르핀(Endorphin)이 분비된다.
	1) 글꼴은 굴림체, 글자 크기는 12pt
	2) 내용의 첫 줄 36pt 들여쓰기
	3) 줄 간격은 고정 값, 19pt
	4) 한자변환
	향신료 -> 향신료 (香辛料)
	유행 -> 유행 (流行)
	3. [보기] ④와 같이 소제목을 입력하시오.
	1) 소제목은 '고르기와 보관하기'로 입력

[보기]	[처리사항]
	2) 소제목 앞뒤에 '◆' 기호문자 삽입
	3) 글꼴은 궁서체, 글자 크기는 18pt, 글자 색은 기본 -하양
	4) 글자의 음영은 '기본-검정'으로 지정
	4. [보기] ⑤와 같이 아래의 내용을 입력하시오.
	1) 〈입력 내용〉
	고추는 표면이 매끄럽고 윤기가 나며, 색이 맑고 선명하며, 흠집이 없는지를 살펴야 하며 탄력이 있 고 꼭지가 마르지 않은 것을 고른다. 공기와 닿으면 캡사이신 성분이 날아가므로 씻지 말고 공기가 통하지 않게 랩으로 싸거나 밀폐용기 에 담는다.
	2) 글머리표로 '■'을 지정
	3) 글꼴은 바탕체, 글자 크기는 12pt
	4) 문단 아래 간격은 12pt
	5. [보기] ⑥과 같이 각주를 작성하시오.
	1) 본문의 '라틴아메리카'와 '미각'에 작성하시오.
	2) 각주의 위치는 페이지 아래쪽
	3) 〈각주 입력 내용〉
	라틴아메리카 : 남북 아메리카 대륙 중 과거에 라 틴민족 국가의 지배를 받아 라틴적인 전통의 배경 을 지니는 지역 미각 : 인간이 느끼는 오감(후각, 촉각, 청각, 시 각, 미각) 중의 하나로 혀를 통해 느끼는 짠맛, 단 맛, 신맛, 쓴맛의 4가지 맛을 느끼는 감각
	4) 글꼴은 바탕체, 글자 크기는 9pt
	5) 각주 번호 모양은 'I'로 지정
	6. [보기] ⑦과 같이 주어진 이미지를 이용하여 작성하 시오.
	1) 주어진 '이미지고추'를 삽입
	2) 이미지의 크기는 너비 60mm, 높이 40mm
	3) 삽입된 이미지의 테두리를 기본-검정, 실선, 2mm 로 지정
	4) 이미지가 내용의 왼쪽에 위치하도록 지정하고, 바 깥 여백은 위쪽/아래쪽/왼쪽/오른쪽을 4mm로 지 정(반드시 그림서식에서 지정할 것)
	7. [보기] ⑧과 같이 하이퍼링크를 다음 요구에 따라 작 성하시오.

[보기]	[처리사항]

[보기]

@매운맛 채소@

구분	매운맛	비고
⑩ 고추	캡사이신	
마늘	알리신	
양파	프로필 아릴설파이드 / 디설파이드	가열시 단맛을 내는 프로페날캅탄 생성
한국인의 밥상에 빠지지 않는 기본 채소임		

표 1

야채와 소비자물가지수	2019년	2020년
⑫ 고추	135.1	132.5
마늘	83.0	81.2
양파	53.5	98.0
합계		

표 2

⑬ (차트)

ooo

[보기] ⑪을 확대한 그림

구분	매운맛	비고
고추	캡사이신	
마늘	알리신	
양파	프로필 아릴설파이드 디설파이드	가열시 단맛을 내는 프로페날 캅탄 생성
한국인의 밥상에 빠지지 않는 기본 채소임		

[처리사항]

1) 삽입된 그림 아래 행에 '하이퍼링크'라고 입력
2) 입력한 '하이퍼링크'에 e-Test 홈페이지를 하이퍼링크로 연결
(e-Test 홈페이지 : http://www.e-test.co.kr)

〈표와 차트 작성하기〉
배점 1번(40), 2번(60), 3번(40)

1. [보기] ⑩과 같이 다음 페이지에 글맵시를 이용하여 표제목을 작성하시오.
   1) 표제목은 '@ 매운맛 채소 @'로 입력
   2) 글꼴은 굴림체, 글자 내부색은 오피스-초록
   3) 전체 모양은 ■, 크기는 너비 120mm, 높이 15mm
2. [보기] ⑪과 같이 표를 작성하시오. (5행 3열)
   1) 셀 합치기를 지정하시오.
      - 2행 3열 ~ 3행 3열은 셀 합치기
      - 5행 1열 ~ 5행 3열은 셀 합치기
   2) [보기] ⑪을 확대한 그림을 보고 표 전체의 내용을 입력하고, 글꼴은 돋움체, 글자 크기는 12pt로 지정
   3) 1행 1열 ~ 1행 3열의 글자 색은 기본-하양, 내부색은 오피스-빨강, 가로 가운데 정렬로 지정
   4) 합친 2행 3열 ~ 3행 3열은 [보기] ⑪과 같이 대각선 삽입
   5) 테두리를 아래 조건에 맞게 지정하시오.
      - 1행 1열 ~ 1행 3열의 외곽 테두리선은 [보기] ⑪과 같이 이중 실선
      - 표 전체의 내부 세로선은 [보기] ⑪과 같이 점선
   6) 표 아래 가운데에 '표 1'로 캡션을 지정
3. [보기] ⑫와 같은 표와 [보기] ⑬과 같은 차트를 작성하시오. (그림, 외부개체로 입력되면 감점됨)
   1) [보기] ⑫와 같이 5행 3열 표를 작성하시오.

야채와 소비자물가지수	2019년	2020년
고추	135.1	132.5
마늘	83.0	81.2
양파	53.5	98.0
합계		

[보기]	[처리사항]

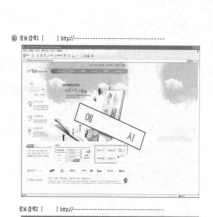

	2) 표 전체의 내용을 입력하고, 글꼴은 돋움체, 글자 크기는 12pt로 지정
	3) 표 아래 가운데에 '표 2'로 캡션을 지정
	4) 작성한 표의 5행 2열과 5행 3열은 표의 수식 입력 기능으로 합계를 구하시오.
	5) 1)번에서 작성한 표에서 합계를 제외한 야채와 소비자물가지수와 2019년, 2020년을 이용하여 [보기] ⑬과 같이 차트를 작성하시오.
	   – 차트의 종류 : 묶은 세로 막대형(2차원 세로 막대형)
	   – 범례가 나타나지 않도록 지정
	   – 차트 크기는 너비 100mm, 높이 80mm
	   – 차트 위치는 표의 아래쪽
	
	〈정보검색과 답안 작성하기〉
	배점 1번(10), 2번(15), 3번(15)
	
	1. [보기] ⑭와 같이 다음 페이지에 검색한 내용을 다음 요구에 따라 작성하시오.
	  1) '정보검색1 [ ] http://————————'
	     '정보검색2 [ ] http://————————'
	     – [ ] 안에 [정보검색]1과 [정보검색]2의 정답을 차례로 입력
	     – 반드시 [ ]와 함께 정보검색 답안을 입력
	     – [보기] ⑭와 같이 각각의 입력한 답안 아래에 정답이 있는 화면을 'PrintScreen'키를 이용하여 캡처한 후, 'Ctrl+V'로 답안문서에 붙여넣으시오. (크기는 [보기]와 같이 임의로 조절하시오.)
	2. [정보검색]1은 아래 검색 문제로 작성하시오.
	  종류마다 다른 매운맛의 정도를 측정하기 위하여 고추의 매운맛 성분인 캡사이신의 농도를 측정한다. 이를 스코빌 지수라고 하고, 우리나라 매운 고추인 청양고추는 4,000 ~ 12,000 스코빌 정도로, 중간쯤 된다. 현재 기네스북에 올라있는 가장 매운 고추는 ( )로 156,930,000 스코빌이다. 이는 우리의 청양고추보다 200배가 맵다고 볼 수 있다. 호신용 스프레이의 스코빌 지수가 약 200만으로 이 고추의 매운맛의 정도는 경찰이 사용하는 호신용 분사 스프

[보기]	[처리사항]
	레이와 비슷하다. – ( ) 안에 해당하는 내용을 검색하고, 반드시 검색한 내용이 포함된 페이지의 등록정보 URL과 함께 답안문서에 입력하시오. – 반드시 한글 7자로 입력하시오. 3. [정보검색]2는 아래 검색 문제로 작성하시오. 　웰빙푸드로 인해 샐러드 소비가 점차 늘어가면서 피망, 파프리카와 같은 고추의 소비도 점차 증가 하였다. 요 근래에 새로 등장한 고추가 있는데, 풋고추와 피망 등을 교잡해서 만든 오이맛 고추가 있다. 다른 고추보다 길이가 짧고 동그란 아삭이 고추도 있다. 또 녹차 추출액에 함유되어 있는 카테킨 성분을 주기적으로 뿌려서 키운 보성의 녹차 고추, 체내의 당 흡수를 억제해 당뇨병을 예방하고 혈당을 떨어뜨리는 효과가 있는 ( ) 고추도 있다. – ( ) 안에 해당하는 내용을 검색하고, 반드시 검색한 내용이 포함된 페이지의 등록정보 URL과 함께 답안문서에 입력하시오. – 반드시 한글 2자로 입력하시오.

실전 모의고사

실전 모의고사

3회

※ 답안 작성 시 주의사항

- 답안문서 파일명은 응시자의 이름으로 저장하십시오.
- 워드프로세서의 기능들을 이용하여 [처리사항]대로 답안문서를 작성하십시오.
  ([보기]를 참고하시오.)
- 반드시 주어진 이미지 자료를 이용하여 답안문서를 작성하십시오.
  (주어진 이미지 자료 외 다른 자료 이용시 감점 처리됩니다.)
- 워드아트, 표 등을 처리사항에서 지시한 갯수이상 여러 개 작성한 경우 감점 처리됩니다.
- 문제에서 지시하지 않은 사항은 프로그램의 기본 설정 값으로 지정하십시오.

[제공 데이터]

주어진 이미지 자료를 이용하여 답안문서를 작성하시오.

(첨부파일보기 클릭시 이미지 자료 페이지 열림)

[보기]	[처리사항]
⑨5 **제주특별자치도** ③ 제주특별자치도는 우리나라 최남단에 있는 도로서, 최대의 섬인 제주도와 8개의 유인도, 55개의 무인도로 이루어져있으며, 유인도에는 우도, 상추자도, 하추자도, 비양도, 횡간도, 추포도, 가파도, 마라도가 있다. 제주도의 지형은 화산섬(volcanic island)으로 이루어져 화산원지형이 많이 남아 있으며, 하식외회(河蝕外淮)로 보아 유년기 지형에 속한다. 섬(island) 모양은 동서간의 길이 73키로미터, 남북간의 길이 31키로미터의 타원형이고, 동서 방향은 한반도의 남해안과 나란히 뻗어있는데 이는 랴오동반도나 방향과도 일치한다. 한라산을 정점으로 동서사면은 매우 완만한 경사를 이루나 남북사면은 급한 경사를 이루고 있으며, 전체적으로는 흔히 볼 수 있는 순상화산이다. 제주도 기후는 우리나라 최남단의 해상(sea)에 위치하고 연안(coast)에 난류가 흐르는 까닭에 기온의 연교차(年較差)가 작은 전형적인 난대성 해양성 기후를 나타낸다. 관광지로서는 한라산국립공원과 더불어 자연(nature)과 고유 민속(folk)에 관련된 관광자원(tourist attractions)이 풍부하고 세계적인 관광지로 숙박, 교통 등 편의시설(convenient facilities)도 잘 갖추어져 있다. 특히 4면의 청정한 바다 위에 우뚝 솟은 한라산은 1,800여 종의 식물과 수천 마리의 야생노루가 서식하는 동식물의 보고이며, 지정관광지로는 용연지구, 만장굴지구, 정방폭포지구, 천제연지구 등이 있다. ④ ▶ 제주특별자치도의 주요도로 ⑦ [지도] ◆ 한라산 제1횡단도로 : 제주특별자치도 제주시 삼도동에서 서귀포시 동홍동에 이르는 지방도로로 516도로라고도 한다. ⑧ ◆ 한라산 제2횡단도로 : 제주특별자치도 제주시 오라동과 서귀포시 중문동을 잇는 지방도로로 1100도로라고도 한다. ⑥ 하이퍼링크 ⑥ A 지료출처표: 공공 저작물에서 남북 특색있는 로카이템을 기포로 반도로 소통편도하기도 한다. B 한라산국립공원 : 1970년 3월 24일에 지정된 제주 한라산을 중심으로 하는 국립공원이다. ⑩○○○○	**〈용지 설정 지정하기〉** **배점 1번(8), 2번(12), 3번(16)** 1. 페이지 설정은 A4로, 여백은 위쪽, 아래쪽 20mm, 왼쪽, 오른쪽 21mm로 지정하시오. 2. [보기] ①과 같이 머리말/꼬리말 기능을 이용하여 작성하시오. 　1) 모든 쪽의 하단 오른쪽에 '○○○(응시자 본인의 이름)'을 입력하시오. 　2) 글꼴은 돋움체, 글자 크기는 14pt 3. [보기] ⑨와 같이 모든 쪽의 상단 오른쪽에 페이지 (쪽) 번호를 입력하시오. 　1) 페이지 시작번호는 '5'로 지정 　2) 페이지 추가시 자동으로 입력 **〈자료 입력과 서식 지정하기〉** **배점 1번(16), 2번(48), 3번(16), 4번(24), 5번(20), 6번(40), 7번(20)** 1. [보기] ②와 같이 글상자를 이용하여 제목을 작성하시오.

[보기]	[처리사항]
	1) 제목은 '제주특별자치도'으로 입력
	2) 글꼴은 궁서체, 글자 크기는 35pt, 글자 색은 기본-하양, 장평은 120%, 가로 가운데 정렬
	3) 글상자의 내부색은 기본-검정, 외곽선은 실선으로 지정하고, 선 색은 오피스-파랑, 선 굵기 0.4mm
	2. [보기] ③과 같이 아래의 내용을 입력하시오.
	제주특별자치도는 우리나라 최남단에 있는 도로서, 최대의 섬인 제주도와 8개의 유인도, 55개의 무인도로 이루어져있으며, 유인도에는 우도, 상추자도, 하추자도, 비양도, 횡간도, 추포도, 가파도, 마라도가 있다. 제주도의 지형은 화산섬(volcanic island)으로 이루어져 있어 화산원지형이 많이 남아 있으며, 하식윤회로 보아 유년기 지형에 속한다. 섬(island) 모양은 동서간의 길이 73키로미터, 남북간의 길이 31키로미터의 타원형이고, 동서 방향은 한반도의 남해안과 나란히 뻗어있는데 이는 랴오둥반도 방향과도 일치한다. 한라산을 정점으로 동서사면은 매우 완만한 경사를 이루나 남북사면은 급한 경사를 이루고 있으며, 전체적으로는 흔히 볼 수 있는 순상화산이다. 제주도 기후는 우리나라 최남단의 해상(sea)에 위치하고 연안(coast)에 난류가 흐르는 까닭에 기온의 연교차가 작은 전형적인 난대성 해양성 기후를 나타낸다. 관광지로서는 한라산국립공원과 더불어 자연(nature)과 고유 민속(folk)에 관련된 관광자원(tourist attractions)이 풍부하고 세계적인 관광지로 숙박, 교통 등 편의시설(convenient facilities)도 잘 갖추어져 있다. 특히 4면의 청정한 바다 위에 우뚝 솟은 한라산은 1,800여 종의 식물과 수천 마리의 야생노루가 서식하는 동식물의 보고이며, 지정관광지로는 용연지구, 만장굴지구, 정방폭포지구, 천제연지구 등이 있다.
	1) 글꼴은 돋움체, 글자 크기는 12pt
	2) 내용의 첫 줄 48pt 들여쓰기
	3) 줄 간격은 고정 값, 18pt
	4) 한자변환
	하식윤회 -〉 하식윤회(河蝕輪廻)
	연교차 -〉 연교차(年較差)
	3. [보기] ④와 같이 소제목을 입력하시오.
	1) 소제목은 '제주특별자치도의 주요도로'로 입력

[보기]	[처리사항]
	2) 소제목 앞뒤에 '◆' 기호문자 삽입 3) 글꼴은 궁서체, 글자 크기는 16pt, 글자 색은 기본 　－하양 4) 글자의 음영은 '기본－검정'으로 지정 4. [보기] ⑤와 같이 아래의 내용을 입력하시오. 　1) 〈입력 내용〉 　　한라산 제1횡단도로 : 제주특별자치도 제주시 삼도 　　동에서 서귀포시 동흥동에 이르는 지방도로로 516 　　도로라고도 한다. 　　한라산 제2횡단도로 : 제주특별자치도 제주시 오 　　라동과 서귀포시 중문동을 잇는 지방도로로 1100 　　도로라고도 한다. 　2) 글머리표로 '◆'을 지정 　3) 글꼴은 돋움체, 글자 크기는 12pt 　4) 문단 아래 간격은 12pt 5. [보기] ⑥과 같이 각주를 작성하시오. 　1) 본문의 '랴오둥반도'와 '한라산국립공원'에 작성하 　　시오. 　2) 각주의 위치는 페이지 아래쪽 　3) 〈각주 입력 내용〉 　　랴오둥반도 : 중국 랴오닝성 남부 황해와 보하이 　　해를 가르는 반도로 요동반도라고도 한다. 　　한라산국립공원 : 1970년 3월 24일에 지정된 제주 　　한라산을 중심으로 하는 국립공원이다. 　4) 글꼴은 바탕체, 글자 크기는 9pt 　5) 각주 번호 모양은 'A'로 지정 6. [보기] ⑦과 같이 주어진 이미지를 이용하여 작성하 　시오. 　1) 주어진 '이미지제주'를 삽입 　2) 이미지의 크기는 너비 45mm, 높이 35mm 　3) 삽입된 이미지의 테두리를 기본－검정, 실선, 2mm 　　로 지정 　4) 이미지가 내용의 왼쪽에 위치하도록 지정하고, 바 　　깥 여백은 위쪽/아래쪽/왼쪽/오른쪽을 4mm로 지 　　정(반드시 그림서식에서 지정할 것) 7. [보기] ⑧과 같이 하이퍼링크를 다음 요구에 따라 작 　성하시오. 　1) 삽입된 그림 아래 행에 '하이퍼링크'라고 입력

[보기]	[처리사항]

[처리사항]

2) 입력한 '하이퍼링크'에 e-Test 홈페이지를 하이퍼
링크로 연결

(e-Test 홈페이지 : http://www.e-test.co.kr)

〈표와 차트 작성하기〉
배점 1번(40), 2번(60), 3번(40)

1. [보기] ⑩과 같이 다음 페이지에 글맵시를 이용하여
표제목을 작성하시오.
   1) 표제목은 '% 제주특별자치도의 문화관광 %'으로
   입력
   2) 글꼴은 굴림체, 글자 내부색은 오피스-초록
   3) 전체 모양은 ■, 크기는 너비 110mm, 높이 15mm

2. [보기] ⑪과 같이 표를 작성하시오. (6행 3열)
   1) 셀 합치기를 지정하시오.
   － 2행 1열 ～ 3행 1열은 셀 합치기
   － 4행 1열 ～ 6행 1열은 셀 합치기
   2) [보기] ⑪을 확대한 그림을 보고 표 전체의 내용을
   입력하고, 글꼴은 굴림체, 글자 크기는 11pt로 지정
   3) 1행 1열 ～ 1행 3열의 글자 색은 기본-하양, 내부
   색은 오피스-빨강, 가로 가운데 정렬로 지정
   4) 1행 1열 [보기] ⑪과 같이 양방향 대각선 삽입
   5) 테두리를 아래 조건에 맞게 지정하시오.
   － 1행 1열 ～ 1행 3열의 외곽 테두리선은 [보기]
   ⑪과 같이 이중 실선
   － 표 전체의 내부 세로선은 [보기] ⑪과 같이 점선
   6) 표 아래 가운데에 '표 1'로 캡션을 지정
3. [보기] ⑫와 같은 표와 [보기] ⑬과 같은 차트를 작
   성하시오. (그림, 외부개체로 입력되면 감점됨)
   1) [보기] ⑫와 같이 5행 4열 표를 작성하시오.

관광객 수	내국인	외국인	합계
2016년	12,250	3,603	
2017년	13,523	1,230	
2018년	13,089	1,225	
2019년	13,560	1,726	

   2) 표 전체의 내용을 입력하고, 글꼴은 굴림체, 글자
   크기는 13pt로 지정

[보기]

[보기] ⑪을 확대한 그림

명칭		특징
관 광 자 원	용 머 리 해 안	서귀포시 안덕면 사계리에 있는 해안
	비자림	제주시 구좌읍 평대리에 있는 비자나무 군락
문 화 행 사	섬 문 화 축 제	세계 섬들의 다양한 문화를 체험하도록 제주도에서 주최하는 축제
	성 산 일 출 제	매년 1월 1일 해돋이를 바라보며 하는 새해맞이 행사
	한 라 산 눈 꽃축제	한라산 어리목을 중심으로 해마다 1월 마지막 주에 열리는 관광축제

[보기]	[처리사항]
	3) 표 아래 가운데에 '표 2'로 캡션을 지정 4) 작성한 표의 2행 4열부터 5행 4열은 표의 수식 입력 기능으로 합계를 구하시오. 5) 1)번에서 작성한 표에서 합계를 제외한 관광객 수, 내국인, 외국인을 이용하여 [보기] ⑬과 같이 차트를 작성하시오. 　　– 차트의 종류 : 묶은 세로 막대형(2차원 세로 막대형) 　　– 범례가 나타나지 않도록 지정 　　– 차트 크기는 너비 100mm, 높이 80mm 　　– 차트 위치는 표의 아래쪽 〈정보검색과 답안 작성하기〉 **배점 1번(10), 2번(15), 3번(15)** 1. [보기] ⑭와 같이 다음 페이지에 검색한 내용을 다음 요구에 따라 작성하시오. 　1) '정보검색1 [　　　　] http://–––––––––––––' 　　'정보검색2 [　　　　] http://–––––––––––––' 　　– [　　　] 안에 [정보검색]1과 [정보검색]2의 정답을 차례로 입력 　　– 반드시 [　　　]와 함께 정보검색 답안을 입력 　　– [보기] ⑭와 같이 각각의 입력한 답안 아래에 정답이 있는 화면을 'PrintScreen'키를 이용하여 캡처한 후, 'Ctrl+V'로 답안문서에 붙여넣으시오. (크기는 [보기]와 같이 임의로 조절하시오.) 2. [정보검색]1은 아래 검색 문제로 작성하시오. 　(　　　)은 제주도의 향토떡 중의 하나로, 제주도에서 관혼상제에 빠지지 않았던 음식이다. 메밀가루를 묽게 반죽해서 팬에 부치고, 채 썰어 데쳐낸 무를 양념해 소로 넣고 길죽하게 말아서 만든다. 또 다른 제주도 향토떡으로 양떡이라 불려지는 쑥떡이 있다. 　– (　　) 안에 해당하는 내용을 검색하고, 반드시 검색한 내용이 포함된 페이지의 등록정보 URL과 함께 답안문서에 입력하시오. 　– 반드시 한글 2자로 입력하시오.

[보기]	[처리사항]
	3. [정보검색]2는 아래 검색 문제로 작성하시오.

[처리사항] (continued):

3. [정보검색]2는 아래 검색 문제로 작성하시오.

1998년 제주도기념물로 지정된 (　　)은 바다로부터 침입해 오는 적을 방비하기 위하여 고려시대부터 조선시대에 걸쳐 해안선을 따라 쌓아 놓은 성벽이다. 1653년 제주 목사 이원진이 편찬한 《탐라지》 의하면 (　　)의 길이는 무려 3백여 리에 달했다고 기록되어 있다. 이는 120km에 이르는 것으로 제주도 둘레가 245km임을 감안할 때 전체둘레의 절반에 해당하는 것이다.

– (　　) 안에 동일하게 해당하는 내용을 검색하고, 반드시 검색한 내용이 포함된 페이지의 등록정보 URL과 함께 답안문서에 입력하시오.

– 반드시 한글 4자로 입력하시오.

4회 실전 모의고사

한글 NEO

※ 답안 작성 시 주의사항

- 답안문서 파일명은 응시자의 이름으로 저장하십시오.
- 워드프로세서의 기능들을 이용하여 [처리사항]대로 답안문서를 작성하십시오.
  ([보기]를 참고하시오.)
- 반드시 주어진 이미지 자료를 이용하여 답안문서를 작성하십시오.
  (주어진 이미지 자료 외 다른 자료 이용시 감점 처리됩니다.)
- 워드아트, 표 등을 처리사항에서 지시한 갯수이상 여러 개 작성한 경우 감점 처리됩니다.
- 문제에서 지시하지 않은 사항은 프로그램의 기본 설정 값으로 지정하십시오.

[제공 데이터]

주어진 이미지 자료를 이용하여 답안문서를 작성하시오.

(첨부파일보기 클릭시 이미지 자료 페이지 열림)

[보기]	[처리사항]
⑨ - Ⅵ - ② **게 임 보 고 서** ③ 게임은 규칙을 정해 놓고 승부를 겨루는 놀이로 영미권에서는 스포츠에서나 자주 들을 수 있는 경기를 의미하는 경우가 많으며 이에 따라 게임은 널게 봤을 때 스포츠, 보드게임, 비디오 게임으로 나뉜다. 게임이란 놀이에서 규칙을 추가하고 중심화시킨 것이다. 게임을 하는 사람을 임페이(포괄적)으로는 사용자(유저), 게이머 혹은 플레이어라고 하며 게임 내부의 규칙에 응하는 한에서 목표를 달성하기 위해 행동한다. 로제 카이와는 자신의 저서에서 게임은 자유, 독립, 불확실, 규칙, 가상의 6가지 특징이 있다고 하였다. 한국에서 게임이라고 하면 컴퓨터, 휴대폰의 비디오 게임과 온라인 보드 게임, 즉 얼굴을 직접 보지 않고도 할 수 있는 게임들만을 가리키는 경우가 많다. 이런 게임들은 스포츠와 달리 인터넷만 있으면 장소, 날씨, 시간에 제약을 받지 않는다는 큰 장점이 있다. 온라인 게임은 멀티플레이어 모드를 지원하는 다양한 방법으로 발전했다. 그 뒤 스마트폰 게임 시장이 급격히 활성화됨에 따라 2010년대 중반에 들어서면서 대부분의 신작 온라인 게임은 스마트폰 기반으로 출시하게 되었다. 온라인 게임은 그래픽, 음악, 스토리, 문명적, 정보 기술 등 수많은 기술들이 결합된 최강의 멀티미디어 기술의 결정체라 할 수 있을 것이다. 실시간 동기화? 모델의 연구가 온라인 게임, 특히 1인칭 슈팅 게임으로 인해 많이 연구가 되기도 하였다. ④ ⭐ 온라인게임의 장단점 ⭐ ◆ 플레이어에게 지속적으로 서비스하기 위한 업데이트로 인한 지속되는 신선함 ⑤ ◆ 기존 플레이어의 추억과 신규 플레이어의 취향 차이에 격차가 발생 ◆ 새로운 유행에 맞추기 위해 초기에 추구한 방향이 달라질 수 있음 ⑦ 하이퍼링크 ⑧ ⑥ a) 로제 카이와는 : 1913년 3월 3일 ~ 1978년 12월 21일, 프랑스의 평론가이며 사회학자 　 b) 동기화 : 사건이 동시에 일어나거나, 일정한 간격을 두고 일어나도록 시간의 간격을 조절하는 것 ① ○○○	**〈용지 설정 지정하기〉** **배점 1번(8), 2번(12), 3번(16)** 1. 페이지 설정은 A4, 여백은 위쪽, 아래쪽 20mm, 왼쪽, 오른쪽 22mm로 지정하시오. 2. [보기] ①과 같이 머리말/꼬리말 기능을 이용하여 작성하시오. 　1) 모든 쪽의 하단 가운데에 '○○○(응시자 본인의 이름)'을 입력하시오. 　2) 글꼴은 돋움체, 글자 크기는 14pt 3. [보기] ⑨와 같이 모든 쪽의 상단 가운데에 페이지(쪽) 번호를 입력하시오. 　1) 페이지 시작번호는 'Ⅵ'으로 지정 　2) 페이지 추가 시 자동으로 입력 **〈자료 입력과 서식 지정하기〉** **배점 1번(16), 2번(48), 3번(16), 4번(24), 5번(20), 6번(40), 7번(20)** 1. [보기] ②와 같이 글상자를 이용하여 제목을 작성하

[보기]	[처리사항]
	시오.
	1) 제목은 '게임 보고서'로 입력
	2) 글꼴은 궁서체, 글자 크기는 30pt, 글자 색은 기본-하양, 장평은 110%, 가로 가운데 정렬
	3) 글상자의 내부색은 오피스-초록, 외곽선은 실선으로 지정하고 선 색은 기본-검정, 선 굵기 0.4mm

2. [보기] ③과 같이 아래의 내용을 입력하시오.

게임은 규칙을 정해 놓고 승부를 겨루는 놀이로 영미권에서는 스포츠에서나 자주 들을 수 있는 경기를 의미하는 경우가 많으며 이에 따라 게임은 넓게 봤을 때 스포츠, 보드 게임, 비디오 게임으로 나뉜다. 게임이란 놀이에서 규칙을 추가하고 중심화시킨 것이다. 게임을 하는 사람을 포괄적으로는 사용자(유저), 게이머 혹은 플레이어라고 하며 게임 내부의 규칙에 응하는 한에서 목표를 달성하기 위해 행동한다. 로제 카이와는 자신의 저서에서 게임은 자유, 독립, 불확실, 비생산, 규칙, 가상의 6가지 특징이 있다고 하였다. 한국에서 게임이라고 하면 컴퓨터, 휴대폰의 비디오 게임과 온라인 보드 게임, 즉 얼굴을 직접 보지 않고도 할 수 있는 게임들만을 가리키는 경우가 많다. 이런 게임들은 스포츠와 달리 인터넷만 있으면 장소, 날씨, 시간에 제약을 받지 않는다는 큰 장점이 있다. 온라인 게임은 멀티플레이어 모드를 지원하는 다양한 방법으로 발전했다. 그 뒤 스마트폰 게임 시장이 급격히 활성화됨에 따라 2010년대 중반에 들어서면서 대부분의 신작 온라인 게임은 스마트폰을 기반으로 출시하게 되었다. 온라인 게임은 그래픽, 음악, 스토리, 문장력, 정보 기술 등 수많은 기술들이 결합된 최강의 매체이자 기술의 결정체라 할 수 있을 것이다. 실시간 동기화 모델의 연구가 온라인 게임, 특히 1인칭 슈팅 게임으로 인해 많이 연구가 되기도 하였다.

1) 글꼴은 굴림체, 글자 크기는 11pt
2) 내용의 첫 줄 33pt 들여쓰기
3) 줄 간격은 고정 값, 18pt
4) 한자변환
   포괄적 -〉 包括的(포괄적)
   중반 -〉 中盤(중반)

[보기]	[처리사항]
	3. [보기] ④와 같이 소제목을 입력하시오.
	1) 소제목은 '온라인게임 장단점'으로 입력
	2) 소제목 앞뒤에 '☆' 기호문자 삽입
	3) 글꼴은 궁서체, 글자 크기는 14pt, 글자 색은 기본 –하양
	4) 글자의 음영은 '기본–검정'으로 지정
	4. [보기] ⑤와 같이 아래의 내용을 입력하시오.
	1) 〈입력 내용〉
	플레이어에게 지속적으로 서비스하기 위한 업데이트로 인한 지속되는 신선함
	기존 플레이어의 추억과 신규 플레이어의 취향 차이에 격차가 발생
	새로운 유행에 맞추기 위해 초기에 추구한 방향이 달라질 수 있음
	2) 글머리표로 '◆'을 지정
	3) 글꼴은 돋움체, 글자 크기는 11pt
	4) 문단 아래 간격은 11pt
	5. [보기] ⑥과 같이 각주를 작성하시오.
	1) 본문의 '로제 카이와'와 '동기화'에 작성하시오.
	2) 각주의 위치는 페이지 아래쪽
	3) 〈각주 입력 내용〉
	로제 카이와 : 1913년 3월 3일 ~ 1978년 12월 21일, 프랑스의 평론가이며 사회학자
	동기화 : 사건이 동시에 일어나거나, 일정한 간격을 두고 일어나도록 시간의 간격을 조정하는 것
	4) 글꼴은 돋움체, 글자 크기는 9pt
	5) 각주 번호 모양은 'a)'로 지정
	6. [보기] ⑦과 같이 주어진 이미지를 이용하여 작성하시오.
	1) 주어진 '이미지게임통계'를 삽입
	2) 이미지의 크기는 너비 50mm, 높이 40mm
	3) 삽입된 이미지의 테두리를 기본–검정, 실선, 2mm로 지정
	4) 이미지가 내용의 오른쪽에 위치하도록 지정하고 바깥 여백은 위쪽/아래쪽/왼쪽/오른쪽을 3mm로 지정
	(반드시 그림서식에서 지정할 것)

| [보기] | [처리사항] |

[처리사항]

7. [보기] ⑧과 같이 하이퍼링크를 다음 요구에 따라 작성하시오.

1) 삽입된 그림 아래 행에 '하이퍼링크'라고 입력

2) 입력한 '하이퍼링크'에 e-Test 홈페이지를 하이퍼링크로 연결

(e-Test 홈페이지 : http://www.e-test.co.kr)

〈표와 차트 작성하기〉

배점 1번(40), 2번(60), 3번(40)

1. [보기] ⑩과 같이 다음 페이지에 글맵시를 이용하여 표제목을 작성하시오.

1) 표제목은 '@ 온라인 게임 장르 @'로 입력

2) 글꼴은 궁서체, 글자 내부색은 오피스-파랑

3) 전체 모양은 ■, 크기는 너비 130mm, 높이 16mm

2. [보기] ⑪과 같이 표를 작성하시오. (7행 3열)

1) 셀 합치기를 지정하시오.

  – 2행 1열 ~ 3행 1열은 셀 합치기

  – 4행 1열 ~ 5행 1열은 셀 합치기

  – 6행 1열 ~ 7행 1열은 셀 합치기

  – 2행 3열 ~ 7행 3열은 셀 합치기

2) [보기] ⑪을 확대한 그림을 보고 표 전체의 내용을 입력하고, 글꼴은 돋움체, 글자 크기는 11pt로 지정

3) 1행 1열 ~ 1행 3열의 글자 색은 기본-하양, 내부색은 오피스-빨강, 가로 가운데 정렬로 지정

4) 합친 2행 3열 ~ 7행 3열은 [보기] ⑪과 같이 양방향 대각선 삽입

5) 테두리를 아래 조건에 맞게 지정하시오.

  – 표 전체의 외곽 테두리선은 [보기] ⑪과 같이 이중 실선

  – 표 전체의 내부 세로선은 [보기] ⑪과 같이 점선

6) 표 아래 가운데에 '표 1'로 캡션을 지정

3. [보기] ⑫와 같은 표와 [보기] ⑬과 같은 차트를 작성하시오. (그림, 외부개체로 입력되면 감점됨)

1) [보기] ⑫와 같이 5행 3열 표를 작성하시오.

[보기]

- Ⅶ -

⑩@온라인게임장르@

항목	내용	비고
캐주얼 게임	자투리시간을 이용해 간편하게 즐길 수 있는 온라인 게임을	
	승마, 농구, 야구, 레이싱등	
스포츠 게임	스포츠(Sports)를 소재로 한 게임들	
	야구, 축구, 농구, 레이싱(Racing), 격투기, 육상 등	
MMORPG	대규모 다중사용자 온라인 롤 플레잉 게임	
	온라인으로 연결된 여러 플레이어가 같은 공간에서 동시에 즐길 수 있는 게임	

표 1

게임산업	2017년	2018년
PC게임	1,679	5,024
모바일게임	4,330	6,210
콘솔게임	263	373
합계		

표 2

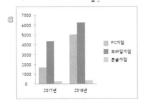

ㅇㅇㅇ

[보기] ⑪을 확대한 그림

항목	내용	비고
캐 주 얼 게임	자투리시간을 이용해 간편하게 즐길 수 있는 온라인 게임을	
	승마, 농구, 야구, 레이싱등	
스 포 츠 게임	스포츠(Sports)를 소재로 한 게임들	
	야구, 축구, 농구, 레이싱(Racing), 격투기, 육상 등	
MMORPG	대규모 다중사용자 온라인 롤 플레잉 게임	
	온라인으로 연결된 여러 플레이어가 같은 공간에서 동시에 즐길 수 있는 게임	

Part Ⅲ

실전 모의고사

[보기]	[처리사항]

게임산업	2017년	2018년
PC게임	1,679	5,024
모바일게임	4,330	6,210
콘솔게임	263	373
합계		

2) 표 전체의 내용을 입력하고, 글꼴은 돋움체, 글자 크기는 11pt로 지정

3) 표 아래 가운데에 '표 2'로 캡션을 지정

4) 작성한 표의 5행 2열부터 5행 3열은 표의 수식 입력 기능으로 합계를 구하시오.

5) 1)번에서 작성한 표에서 합계를 제외한 게임산업과 2017년, 2018년을 이용하여 [보기] ⑬과 같이 차트를 작성하시오.
- 차트의 종류 : 묶은 세로 막대형(2차원 세로 막대형)
- 범례가 나타나도록 지정
- 차트 크기는 너비 100mm, 높이 70mm
- 차트 위치는 표의 아래쪽

〈정보검색과 답안 작성하기〉
배점 1번(10), 2번(15), 3번(15)

1. [보기] ⑭와 같이 다음 페이지에 검색한 내용을 다음 요구에 따라 작성하시오.
1) '정보검색1 [   ] http://------------'
   '정보검색2 [   ] http://------------'
   - [   ] 안에 [정보검색]1과 [정보검색]2의 정답을 차례로 입력
   - 반드시 [   ]와 함께 정보검색 답안을 입력
   - [보기] ⑭와 같이 각각의 입력한 답안 아래에 정답이 있는 화면을 'PrintScreen'키를 이용하여 캡처한 후, 'Ctrl+V'로 답안문서에 붙여넣으시오. (크기는 [보기]와 같이 임의로 조절하시오.)

2. [정보검색]1은 아래 검색 문제로 작성하시오.
PDP-1은 키보드와 모니터를 갖춘 최초의 컴퓨터였다. 스티브 러셀은 그의 동료들과 함께 PDP-1를 조

[보기]	[처리사항]
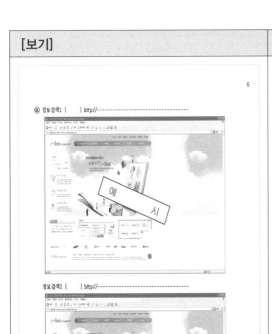	작하면서 '컴퓨터를 가지고 화면에 그래픽을 띄우면서 이것을 이용하여 놀 수 있다'는 것을 보여주기 위한 목적으로 (　　　) 게임을 제작하였다. 우주선을 움직여서 상대 우주선을 맞추는 게임을 제작하게 되었다. 판매를 목적으로 만들지 않았고, 공개 소프트웨어이고 오픈소스였기에 많은 사람들이 업그레이드하는 것이 가능하였다. – (　　　) 안에 해당하는 내용을 검색하고, 반드시 검색한 내용이 포함된 페이지의 등록정보 URL과 함께 답안문서에 입력하시오. – 반드시 한글 5자로 입력하시오. 3. [정보검색]2는 아래 검색 문제로 작성하시오. 인공지능, 사물인터넷, 로봇기술, 드론, 자율주행차 등이 주도하는 (　　　)은 2016년 6월 스위스에서 열린 다보스 포럼에서 의장이었던 클라우스 슈밥 (Klaus Schwab)이 처음으로 사용하면서 이슈화됐다. 클라우드 컴퓨팅, 빅데이터, 모바일 등 지능정보기술이 기존 산업과 서비스에 융합되거나 3D 프린팅, 로봇공학, 생명공학 등 여러 분야의 신기술과 결합되어 실세계 모든 제품·서비스를 네트워크로 연결하고 사물을 지능화한다. 효율과 생산성을 비약적으로 높일 수 있는 한편 로봇과 인공지능으로 대체되는 부분은 일자리가 줄어 양극화를 심화시킬 수 있다는 우려도 있다. – (　　　) 안에 해당하는 내용을 검색하고, 반드시 검색한 내용이 포함된 페이지의 등록정보 URL과 함께 답안문서에 입력하시오. – 반드시 숫자와 한글 6자로 입력하시오.

5회 실전 모의고사

한글 NEO

※ 답안 작성 시 주의사항

- 답안문서 파일명은 응시자의 이름으로 저장하십시오.
- 워드프로세서의 기능들을 이용하여 [처리사항]대로 답안문서를 작성하십시오.
  ([보기]를 참고하시오.)
- 반드시 주어진 이미지 자료를 이용하여 답안문서를 작성하십시오.
  (주어진 이미지 자료 외 다른 자료 이용시 감점 처리됩니다.)
- 워드아트, 표 등을 처리사항에서 지시한 갯수이상 여러 개 작성한 경우 감점 처리됩니다.
- 문제에서 지시하지 않은 사항은 프로그램의 기본 설정 값으로 지정하십시오.

[제공 데이터]

주어진 이미지 자료를 이용하여 답안문서를 작성하시오.

(첨부파일보기 클릭시 이미지 자료 페이지 열림)

[보기]	[처리사항]

	〈용지 설정 지정하기〉
	1. 페이지 설정은 A4로, 여백은 위쪽, 아래쪽 21mm, 왼쪽, 오른쪽 23mm로 지정하시오.
	2. [보기] ①과 같이 머리말/꼬리말 기능을 이용하여 작성하시오.
	  1) 모든 쪽의 하단 왼쪽에 '○○○(응시자 본인의 이름)'을 입력하시오.
	  2) 글꼴은 돋움체, 글자 크기는 13pt
	3. [보기] ⑨와 같이 모든 쪽의 상단 왼쪽에 페이지 (쪽) 번호를 입력하시오.
	  1) 페이지 시작번호는 'vii'로 지정
	  2) 페이지 추가시 자동으로 입력
	
	〈자료 입력과 서식 지정하기〉
	1. [보기] ②와 같이 글상자를 이용하여 제목을 작성하시오.
	  1) 제목은 '사회복지 의미'로 입력
	  2) 글꼴은 궁서체, 글자 크기는 33pt, 글자 색은 기

[보기]	[처리사항]
	본-하양, 장평은 130%, 가로 가운데 정렬

3) 글상자의 내부색은 오피스-주황, 외곽선은 실선으로 지정하고 선 색은 기본-검정, 선 굵기 0.4mm

2. [보기] ③과 같이 아래의 내용을 입력하시오.

사회복지(social welfare)란 국민의 생활안정 및 교육, 의료 등의 보장을 포함하는 복지(welfare)를 추구하기 위한 사회적 노력을 의미한다. 사회보장제도에 공통적으로 작용하는 정책목표로서 또는 이들 정책이나 제도(institution)가 실현하려고 지향하는 목적의 개념으로서 파악하는 경우도 있으나, 보통은 제도적 개념으로 사용한다. 좁은 의미의 사회복지는 아동, 노인, 장애인에 대하여 물질적인 것 이외의 방법으로 행하여지는 여러 활동의 총체를 의미하고 공적부조를 덧붙인 사회복지사업과 동의어로 쓰는 경우가 있다. 넓은 의미로는 사회사업 이외에 사회정책, 사회보장, 주택보장 등을 포함하는데, 영국과 미국의 사회복지는 넓은 의미로 쓰이는 경우가 많다. 우리나라에서 사회복지라는 말은 아동복지법, 생활보호법, 사회복지사업법, 사회보장기본법 등에서 구체적으로 사용하고 있다. 또한 현행 헌법 제10조에서 '모든 국민(nation)은 인간으로서의 존엄과 가치를 가지며 행복을 추구할 권리가 있다.'고 행복추구권을 규정(regulation)하였고, 제34조에서 '모든 국민은 인간다운 생활(life)을 할 권리를 가진다. 국가는 사회보장, 사회복지의 증진에 노력할 의무(obligation)를 진다.'고 규정하여 사회복지국가의 실현(realization)을 위한 국가의 의무를 선언하고 있다. 국가와 지방자치단체는 사회복지를 증진할 책임을 지고 사회복지를 필요로 하는 사람을 위하여 차별없이 최대로 봉사하여야 한다.

1) 글꼴은 돋움체, 글자 크기는 12pt

2) 내용의 첫 줄 48pt 들여쓰기

3) 줄 간격은 고정 값, 18pt

4) 한자변환

동의어 -〉 동의어(同義語)

행복추구권 -〉 행복추구권(幸福追求權)

3. [보기] ④와 같이 소제목을 입력하시오.

1) 소제목은 '구호사업과 자선사업'으로 입력

[보기]	[처리사항]
	2) 소제목 앞뒤에 '■' 기호문자 삽입
	3) 글꼴은 굴림체, 글자 크기는 15pt, 글자 색은 기본 −하양
	4) 글자의 음영은 '기본−검정'으로 지정
	4. [보기] ⑤와 같이 아래의 내용을 입력하시오.
	1) 〈입력 내용〉
	구호사업은 생활유지 능력이 없거나 생활이 어려운 자에게 최저생활을 보장하고 자활을 조성함을 목적으로 하는 사업을 말한다.
	자선사업은 고아, 병자, 노약자, 빈민의 구제 등을 위한 사회공적 구제사업을 말한다.
	2) 글머리표로 '■'을 지정
	3) 글꼴은 돋움체, 글자 크기는 11pt
	4) 문단 아래 간격은 11pt
	5. [보기] ⑥과 같이 각주를 작성하시오.
	1) 본문의 '공적부조'와 '아동복지법'에 작성하시오.
	2) 각주의 위치는 페이지 아래쪽
	3) 〈각주 입력 내용〉
	공적부조 : 생활 곤궁자에 대하여 국가 또는 지방자치단체가 자력 조사를 매개로 행하는 경제적 부조를 말함
	아동복지법 : 아동의 복지를 보장하기 위한 법률로 1961년 12월 '아동복지법'으로 제정, 공포됨
	4) 글꼴은 바탕체, 글자 크기는 9pt
	5) 각주 번호 모양은 'I'로 지정
	6. [보기] ⑦과 같이 주어진 이미지를 이용하여 작성하시오.
	1) 주어진 '이미지사회복지'를 삽입
	2) 이미지의 크기는 너비 40mm, 높이 60mm
	3) 삽입된 이미지의 테두리를 기본−검정, 실선, 2mm로 지정
	4) 이미지가 내용의 오른쪽에 위치하도록 지정하고, 바깥 여백은 위쪽/아래쪽/왼쪽/오른쪽을 4mm로 지정(반드시 그림서식에서 지정할 것)
	7. [보기] ⑧과 같이 하이퍼링크를 다음 요구로 작성하시오.
	1) 삽입된 그림 아래 행에 '하이퍼링크'라고 입력
	2) 입력한 '하이퍼링크'에 e−Test 홈페이지를 하이퍼

[보기]	[처리사항]

[보기]

[보기] ⑪을 확대한 그림

[처리사항]

링크로 연결

(e-Test 홈페이지 : http://www.e-test.co.kr)

〈표와 차트 작성하기〉

배점 1번(40), 2번(60), 3번(40)

1. [보기] ⑩과 같이 다음 페이지에 글맵시를 이용하여 표제목을 작성하시오.

   1) 표제목은 '@ 국제비정부기구 @'로 입력

   2) 글꼴은 바탕체, 글자 내부색은 오피스-빨강

   3) 전체 모양은 ■, 크기는 너비 120mm, 높이 16mm

2. [보기] ⑪과 같이 표를 작성하시오. (5행 4열)

   1) 셀 합치기를 지정하시오.

      – 2행 4열 ~ 5행 4열은 셀 합치기

      – 5행 1열 ~ 5행 3열은 셀 합치기

   2) [보기] ⑪을 확대한 그림을 보고 표 전체의　내용을 입력하고, 글꼴은 굴림체, 글자 크기는 11pt로 지정

   3) 1행 1열 ~ 1행 4열의 글꼴색은 기본-하양, 내부색은 오피스-파랑, 가로 가운데 정렬로 지정

   4) 합친 2행 4열 ~ 5행 4열은 [보기] ⑪과 같이 대각선 삽입

   5) 테두리를 아래 조건에 맞게 지정하시오.

      – 1행 1열 ~ 1행 4열의 외곽 테두리선은 [보기] ⑪과 같이 이중 실선

      – 표 전체의 내부 세로선은 [보기] ⑪과 같이 점선

   6) 표 아래 가운데에 '표 1'로 캡션을 지정

3. [보기] ⑫와 같은 표와 [보기] ⑬과 같은 차트를 작성하시오. (그림, 외부개체로 입력되면 감점됨)

   1) [보기] ⑫와 같이 5행 4열의 표를 작성하시오.

노인복지시설 현황	2019년	2018년	2017년
양로시설	232	238	252
노인요양시설	3,595	3,390	3,261
노인복지관	391	385	364
합계			

   2) 표 전체의 내용을 입력하고, 글꼴은 굴림체, 글자 크기는 11pt로 지정

   3) 표 아래 가운데에 '표 2'로 캡션을 지정

[보기]	[처리사항]

[처리사항]

4) 작성한 표의 5행 2열부터 5행 4열은 표의 수식 입력 기능으로 합계를 구하시오.

5) 1)번에서 작성한 표에서 합계를 제외한 노인복지시설 현황과 2019년을 이용하여 [보기] ⑬과 같이 차트를 작성하시오.
- 차트의 종류 : 묶은 세로 막대형(2차원 세로 막대형)
- 범례가 나타나지 않도록 지정
- 차트 크기는 너비 100mm, 높이 70mm
- 차트 위치는 표의 아래쪽

〈정보검색과 답안 작성하기〉
배점 1번(10), 2번(15), 3번(15)

1. [보기] ⑭와 같이 다음 페이지에 검색한 내용을 다음 요구에 따라 작성하시오.
1) '정보검색1 [   ] http://------------'
'정보검색2 [   ] http://------------'
- [   ] 안에 [정보검색]1과 [정보검색]2의 정답을 차례로 입력
- 반드시 [   ]와 함께 정보검색 답안을 입력
- [보기] ⑭와 같이 각각의 입력한 답안 아래에 정답이 있는 화면을 'PrintScreen'키를 이용하여 캡처한 후, 'Ctrl+V'로 답안문서에 붙여넣으시오. (크기는 [보기]와 같이 임의로 조절하시오.)

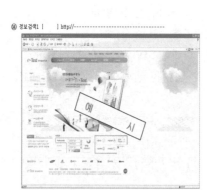

2. [정보검색]1은 아래 검색 문제로 작성하시오.
(   )은 동쪽은 서산시, 홍성군, 보령시의 해안지대에 의해, 서쪽은 태안군 태안반도 기부의 한 반도와 거기 연속되는 안면도(安眠島)에 의해 둘러싸인 남북으로 긴 만이다. 넓은 간석지가 형성되어 있으며, 간척이 된 곳도 많다. 수심이 얕고 암호와 작은 섬들이 많아서 큰 선박이 항행하기 불편하며, 작은 규모의 염염전이 곳곳에 열려 있고 김, 굴 양식이 성하다.
- (   ) 안에 해당하는 내용을 검색하고, 반드시 검색한 내용이 포함된 페이지의 등록정보 URL과 함께 답안문서에 입력하시오.

[보기]	[처리사항]
	– 반드시 한글 3자로 입력하시오. 3. [정보검색]2는 아래 검색 문제로 작성하시오. 　강원도 인제군 기린면과 양양군 서면에 걸쳐 있는 (　　)은 한계령을 사이에 두고 설악산 대청봉과 마주보고 있다. 산 일대에 펼쳐진 원시림에는 젓나무가 울창하고, 모데미풀 등 갖가지 희귀식물을 비롯하여 참나물, 곰취, 곤드레 등 10여 가지 산나물이 자생한다. 특히 한반도 자생식물의 남북방한계선이 맞닿는 곳으로서, 한반도 자생종의 20%에 해당하는 8백 54종의 식물이 자라고 있어 유네스코에서 생물보존권 지역으로 지정하였고 주전골 성국사터에 보물 제497호인 양양 오색리 삼층석탑이 남아 있다. – (　　) 안에 해당하는 내용을 검색하고, 반드시 검색한 내용이 포함된 페이지의 등록정보 URL과 함께 답안문서에 입력하시오. – 반드시 한글 3자로 입력하시오.

실전 모의고사

한글 NEO

※ 답안 작성 시 주의사항
- 답안문서 파일명은 응시자의 이름으로 저장하십시오.
- 워드프로세서의 기능들을 이용하여 [처리사항]대로 답안문서를 작성하십시오.
  ([보기]를 참고하시오.)
- 반드시 주어진 이미지 자료를 이용하여 답안문서를 작성하십시오.
  (주어진 이미지 자료 외 다른 자료 이용시 감점 처리됩니다.)
- 워드아트, 표 등을 처리사항에서 지시한 갯수이상 여러 개 작성한 경우 감점 처리됩니다.
- 문제에서 지시하지 않은 사항은 프로그램의 기본 설정 값으로 지정하십시오.

[제공 데이터]

주어진 이미지 자료를 이용하여 답안문서를 작성하시오.

(첨부파일보기 클릭시 이미지 자료 페이지 열림)

[보기]	[처리사항]
	〈용지 설정 지정하기〉 1. 페이지 설정은 A4로, 여백은 위쪽, 아래쪽 22mm, 왼쪽, 오른쪽 21mm로 지정하시오. 2. [보기] ①과 같이 머리말/꼬리말 기능을 이용하여 작성하시오. 　1) 모든 쪽의 하단 오른쪽에 '○○○(응시자 본인의 이름)'을 입력하시오. 　2) 글꼴은 굴림체, 글자 크기는 14pt 3. [보기] ⑨와 같이 모든 쪽의 상단 오른쪽에 페이지 (쪽) 번호를 입력하시오. 　1) 페이지 시작번호는 'viii'로 지정 　2) 페이지 추가시 자동으로 입력 **〈자료 입력과 서식 지정하기〉** 1. [보기] ②와 같이 글상자를 이용하여 제목을 작성하시오. 　1) 제목은 '노벨상'으로 입력 　2) 글꼴은 궁서체, 글자 크기는 30pt, 글자 색은 기

[보기]	[처리사항]
	본-하양, 장평은 120%, 가로 가운데 정렬

3) 글상자의 내부색은 오피스-초록, 외곽선은 실선으로 지정하고 선 색은 기본-검정, 선 굵기 0.4mm

2. [보기] ③과 같이 아래의 내용을 입력하시오.

노벨상(Nobel Prize)은 세계에서 가장 권위있는 국제적인 상으로, 알프레드 베르나르드 노벨(Alfred Bernhard Nobel)의 유언에 따라 설립된 기금으로 운영된다. 이는 다이너마이트(dynamite)의 발명가인 그가 죽기 바로 전 해인 1895년 11월 27일 파리에 있는 스웨덴인-노르웨이인 클럽에서 쓴 유언(testament)에 따른 것이다. 그는 다이너마이트가 군사적으로 사용되는 것에 대하여 심기가 불편했었는데 그러던 중 그의 형 루드비히 노벨이 죽었을 때 프랑스의 한 신문에 실수로 알프레드 노벨의 부고기사가 실렸다. 그의 때이른 부고기사에서 알프레드 노벨은 '죽음의 상인' 이라고 불려졌고, 이것은 노벨상을 만든 동기(motive)가 되었으며, 그는 그의 유산(heritage)의 94퍼센트인 약 3,200만 스웨덴 크로나를 노벨상 설립(foundation)에 남겼다. 노벨상은 1901년부터 노벨 평화상만 노르웨이 오슬로에서 수여(presentation)되며, 노벨 생리의학상, 노벨 물리학상, 노벨 화학상, 노벨 문학상은 스웨덴의 스톡홀름에서 수여된다. 그가 노벨 평화상을 노르웨이에서 수여하게 한 이유는 분명치 않지만 두 나라의 우정(friendship)을 증진(increase)시키고자 하는 의미로 짐작한다.

1) 글꼴은 굴림체, 글자 크기는 12pt

2) 내용의 첫 줄 48pt 들여쓰기

3) 줄 간격은 고정 값, 18pt

4) 한자변환

    권위 -〉 권위(權威)

    신문 -〉 신문(新聞)

3. [보기] ④와 같이 소제목을 입력하시오.

1) 소제목은 '노벨상의 상금'으로 입력

2) 소제목 앞뒤에 '▼' 기호문자 삽입

3) 글꼴은 궁서체, 글자 크기는 16pt, 글자 색은 기본-하양

4) 글자의 음영은 '기본-검정'으로 지정

[보기]	[처리사항]

	4. [보기] ⑤와 같이 아래의 내용을 입력하시오.
	
	  1) 〈입력 내용〉
	
	    노벨재단이 1년 동안 운영한 이자 등의 수입으로 물리학, 화학, 생리의학, 문학 그리고 평화상 등 5개 부문을 시상한다.
	
	    경제학상은 스웨덴 중앙은행에서 별도로· 마련한 중앙은행 창립 300주년 기금에서 염출하여 시상한다.
	
	  2) 글머리표로 '■'을 지정
	
	  3) 글꼴은 돋움체, 글자 크기는 11pt
	
	  4) 문단 아래 간격은 11pt
	
	5. [보기] ⑥과 같이 각주를 작성하시오.
	
	  1) 본문의 '오슬로'과 '스톡홀름'에 작성하시오.
	
	  2) 각주의 위치는 페이지 아래쪽
	
	  3) 〈각주 입력 내용〉
	
	    오슬로 : 노르웨이의 수도로 노르웨이의 정치, 문화, 상공업의 중심지이며 부동항이다.
	
	    스톡홀름 : 스웨덴의 수도로 넓은 수면과 운하 때문에 흔히 북구의 베네치아라는 별명으로 불린다.
	
	  4) 글꼴은 바탕체, 글자 크기는 9pt
	
	  5) 각주 번호 모양은 'i)'로 지정
	
	6. [보기] ⑦과 같이 주어진 이미지를 이용하여 작성하시오.
	
	  1) 주어진 '이미지노벨상'를 삽입
	
	  2) 이미지의 크기는 너비 40mm, 높이 55mm
	
	  3) 삽입된 이미지의 테두리를 기본-검정, 실선, 2mm로 지정
	
	  4) 이미지가 내용의 왼쪽에 위치하도록 지정하고 바깥 여백은 위쪽/아래쪽/왼쪽/오른쪽을 3mm로 지정(반드시 그림서식에서 지정할 것)
	
	7. [보기] ⑧과 같이 하이퍼링크를 다음 요구에 따라 작성하시오.
	
	  1) 삽입된 그림 아래 행에 '하이퍼링크'라고 입력
	
	  2) 입력한 '하이퍼링크'에 e-Test 홈페이지를 하이퍼링크로 연결
	
	    (e-Test 홈페이지 : http://www.e-test.co.kr)

[보기]	[처리사항]

[보기]

표 1

표 2

○○○

[보기] ⑪을 확대한 그림

구분	수상자 및 업적		비고
생리의학상	하비 올터, 마이클 호턴, 찰스.M.라이스	C형 간염 바이러스 연구	
물리학상	로저 펜로즈, 라인하르트 겐첼, 안그리아 게즈	블랙홀 발견과 연구	
화학상	에마뉘엘 샤르팡티에, 제니퍼 다우드나	크리스퍼 유전자 가위 개발	
문학상	루이즈 글릭	아킬레스의 슬리, 아라라트, 야생 붓꽃	
평화상	세계식량계획	기아와 식량안보를 책임지는 가장 큰 인도주의 기관	
경제학상	폴 밀그럼, 로버트 윌슨	새 경매 형태 발명	

[처리사항]

〈표와 차트 작성하기〉

1. [보기] ⑩과 같이 다음 페이지에 글맵시를 이용하여 표제목을 작성하시오.
   1) 표제목은 '@ 노벨상 수상자 @'로 입력
   2) 글꼴은 궁서체, 글자 내부색은 오피스-빨강
   3) 전체 모양은 ■, 크기는 너비 110mm, 높이 16mm

2. [보기] ⑪과 같이 표를 작성하시오. (7행 4열)
   1) 셀 합치기를 지정하시오.
      - 1행 2열 ~ 1행 3열은 셀 합치기
      - 2행 4열 ~ 7행 4열은 셀 합치기
   2) [보기] ⑪을 확대한 그림을 보고 표 전체의 내용을 입력하고, 글꼴은 바탕체, 글자 크기는 12pt로 지정
   3) 1행 1열 ~ 1행 4열의 글자 색은 기본-하양, 내부색은 오피스-빨강, 가로 가운데 정렬로 지정
   4) 합친 2행 4열 ~ 7행 4열은 [보기] ⑪과 같이 양방향 대각선 삽입
   5) 테두리를 아래 조건에 맞게 지정하시오.
      - 1행 1열 ~ 1행 4열의 외곽 테두리선은 [보기] ⑪과 같이 이중 실선
      - 표 전체의 내부 세로선은 [보기] ⑪과 같이 점선
   6) 표 아래 가운데에 '표 1'로 캡션을 지정

3. [보기] ⑫와 같은 표와 [보기] ⑬과 같은 차트를 작성하시오. (그림, 외부개체로 입력되면 감점됨)
   1) [보기] ⑫와 같이 7행 5열의 표를 작성하시오.

구분	2018년	2019년	2020년	합계
생리의학상	2	3	3	
물리학상	3	3	3	
화학상	3	3	2	
문학상	0	2	1	
평화상	2	1	1	
경제학상	2	3	0	

   2) 표 전체의 내용을 입력하고, 글꼴은 바탕체, 글자 크기는 12pt로 지정
   3) 표 아래 가운데에 '표 2'로 캡션을 지정
   4) 작성한 표의 2행 5열부터 7행 5열은 표의 수식 입력 기능으로 합계를 구하시오.

[보기]	[처리사항]

[보기]	[처리사항]

5) 1)번에서 작성한 표에서 합계를 제외한 구분과, 2018년, 2019년, 2020년을 이용하여 [보기] ⑬과 같이 차트를 작성하시오.
 – 차트의 종류 : 묶은 세로 막대형(2차원 세로 막대형)
 – 범례가 나타나지 않도록 지정
 – 차트 크기는 너비 120mm, 높이 60mm
 – 차트 위치는 표의 아래쪽

〈정보검색과 답안 작성하기〉
배점 1번(10), 2번(15), 3번(15)

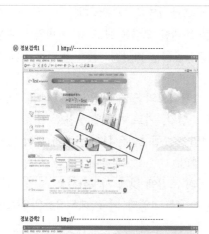

1. [보기] ⑭와 같이 다음 페이지에 검색한 내용을 다음 요구에 따라 작성하시오.
 1) '정보검색1 [   ] http://––––––––––––'
   '정보검색2 [   ] http://––––––––––––'
    – [   ] 안에 [정보검색]1과 [정보검색]2의 정답을 차례로 입력
    – 반드시 [   ]와 함께 정보검색 답안을 입력
    – [보기] ⑭와 같이 각각의 입력한 답안 아래에 정답이 있는 화면을 'PrintScreen'키를 이용하여 캡처한 후, 'Ctrl+V'로 답안문서에 붙여넣으시오. (크기는 [보기]와 같이 임의로 조절하시오.)

2. [정보검색]1은 아래 검색 문제로 작성하시오.
 (   )란 디지털 환경에서 생성되는 데이터로 그 규모가 방대하고, 생성 주기도 짧고, 형태도 수치 데이터뿐 아니라 문자와 영상 데이터를 포함하는 대규모 데이터를 말한다. (   )의 특징은 크기(Volume), 속도(Velocity), 다양성(Variety)이다. 크기는 일반적으로 수십 테라 바이트 혹은 수십 페타 바이트 이상 규모의 데이터 속성을 의미한다.
 사용자가 직접 제작하는 UCC를 비롯한 동영상 콘텐츠, 휴대전화와 SNS(Social Network Service)에서 생성되는 문자 등은 데이터의 증가 속도뿐 아니라, 형태와 질에서도 다른 양상을 보이고 있다. 블로그나 SNS의 텍스트 정보는 내용을 통해 글을 쓴 사람의 성향뿐 아니라, 소통하는 상대방의 연결 관계까지도

[보기]	[처리사항]
	분석이 가능하다.
	– ( ) 안에 동일하게 해당하는 내용을 검색하고, 반드시 검색한 내용이 포함된 페이지의 등록정보 URL과 함께 답안문서에 입력하시오.
	– 반드시 한글 4자로 입력하시오.
	3. [정보검색]2는 아래 검색 문제로 작성하시오.
	( )은 학생시절 비밀결사대 '송죽회'에 가입하여 독립운동 기금을 모으고 평양에서 만세시위운동에 참가하는 등 청년시절부터 적극적으로 독립운동에 참여하였다. 이후 임시정부의 추천을 받아 중국 항공학교에 1기생으로 입학한 ( )은 어린 시절 품었던 비행사의 꿈을 이루며 한국 최초의 여성비행가로 활동하였다. 3.1운동 당시 일본의 눈을 피해 태극기를 만들고 그것들을 치마 속에 감추어 숭덕(崇德)학교 지하실로 운반하였다. 3월 1일 숭덕학교에 모인 사람과 '대한독립만세'를 외치며 교정을 뛰쳐나와 거리에서 만세운동을 펼쳤다. 며칠 후 선생은 길을 가다 형사에게 붙잡혀 평양경찰서에서 3주의 구류처분을 받고 유치장에 감금당하였다.
	– ( ) 안에 동일하게 해당하는 내용을 검색하고, 반드시 검색한 내용이 포함된 페이지의 등록정보 URL과 함께 답안문서에 입력하시오.
	– 반드시 한글 3자로 입력하시오.

7회 실전 모의고사

※ **답안 작성 시 주의사항**

- 답안문서 파일명은 응시자의 이름으로 저장하십시오.
- 워드프로세서의 기능들을 이용하여 [처리사항]대로 답안문서를 작성하십시오.
  ([보기]를 참고하시오.)
- 반드시 주어진 이미지 자료를 이용하여 답안문서를 작성하십시오.
  (주어진 이미지 자료 외 다른 자료 이용시 감점 처리됩니다.)
- 워드아트, 표 등을 처리사항에서 지시한 갯수이상 여러 개 작성한 경우 감점 처리됩니다.
- 문제에서 지시하지 않은 사항은 프로그램의 기본 설정 값으로 지정하십시오.

[제공 데이터]

주어진 이미지 자료를 이용하여 답안문서를 작성하시오.

(첨부파일보기 클릭시 이미지 자료 페이지 열림)

[보기]	[처리사항]

⑨ 4
 	
 ② **금융자본주의**
 	
 ③ 1929년의 대공황 이후 국가의 금융자본 구조에도 일정한 변화가 나타났다. 국가는 금융에 대해 규제와 감독을 하기 시작했고 상업은행¹과 투자은행¹¹을 분리시켰으며 외환을 입격히 통제(統制)하였다. 하지만 1980년대 이후 정보통신기술의 발달과 함께 세계적으로 금융부문이 크게 성장하면서 '금융자본주의'는 현대 경제의 특징을 나타내는 개념으로 새롭게 강조되었다. 이에 따라 세계적으로 자본의 이동과 금융시장의 통합이 확대되었으며, 금융에 대한 정부의 규제가 완화되면서 경제에서 금융부문이 차지하는 비중이 크게 높아졌다. 오늘날 세계 경제는 제조업이 아니라 금융부문을 중심으로 작동하고 있어, 우리나라도 1998년의 외환위기를 겪은 후 세계 금융시장에 빠른 속도로 진입하고 자본시장의 규모를 크게 신장시켰다. 그러나 이러한 형태의 금융자본주의의 확대는 사회와 경제적 불안정성을 높이며 다양한 문제를 낳고 있다. 금융자본주의는 외환이나 선물시장의 유동성을 높여 원자재 가격의 폭등이나 외환가치의 변동 등을 초래하고 산업생산에도 심각한 영향을 끼치기도 한다. 이처럼 1980년대 이후의 금융자본주의는 금융과 자본시장을 통합시켜 자본시장의 유동성을 높였지만, 금융부문의 과도한 팽창으로 자본주의의 불안정성을 높이는 오인도 야기되었다. 이에 새로운 규범과 질서를 모색(摸索)해야 한다는 문제의식이 활발히 제기되고 있다.
 	
 ④ ◆ **사모펀드와 헤지펀드**
 ⑦ ◆ 사모펀드는 소수의 투자자로부터 모은 자금을 주식, 채권 등에 운용하는 펀드이다.
 ⑤ ◆ 헤지펀드는 국제증권 및 외환시장에 투자해 단기이익을 올리는 민간 투자기금이다.
 	
 ⑧ 하이퍼링크
 	
 ⑥ ¹ 상업은행 : 예금을 자금원으로 하여 단기의 대출을 하는 것을 원칙으로 하는 은행
 ¹¹ 투자은행 : 장기 산업자금의 취급업무를 담당하는 금융기관
 	
 ⑩ ○○○
	〈용지 설정 지정하기〉
	 배점 1번(8), 2번(12), 3번(16)
	 1. 페이지 설정은 A4, 여백은 위쪽, 아래쪽 21mm, 왼쪽, 오른쪽 22mm로 지정하시오.
	 2. [보기] ①과 같이 머리말/꼬리말 기능을 이용하여 작성하시오.
	   1) 모든 쪽의 하단 오른쪽에 '○○○(응시자 본인의 이름)'을 입력하시오.
	   2) 글꼴은 굴림체, 글자 크기는 14pt
	 3. [보기] ⑨와 같이 모든 쪽의 상단 오른쪽에 페이지(쪽) 번호를 입력하시오.
	   1) 페이지 시작번호는 '4'로 지정
	   2) 페이지 추가시 자동으로 입력
	
	 〈자료 입력과 서식 지정하기〉
	 배점 1번(16), 2번(48), 3번(16), 4번(24), 5번(20), 6번(40), 7번(20)
	 1. [보기] ②와 같이 글상자를 이용하여 제목을 작성하

[보기]	[처리사항]
	시오.
	1) 제목은 '금융자본주의'로 입력
	2) 글꼴은 궁서체, 글자 크기는 25pt, 글자 색은 기본-하양, 장평은 110%, 가로 가운데 정렬
	3) 글상자의 내부색은 오피스-파랑, 외곽선은 실선으로 지정하고 선 색은 기본-검정색, 선 굵기 0.4mm
	2. [보기] ③과 같이 아래의 내용을 입력하시오.
	1929년의 대공황 이후 국가의 금융자본 구조에도 일정한 변화가 나타났다. 국가는 금융에 대해 규제와 감독을 하기 시작하였고 상업은행과 투자은행을 분리시켰으며 외환을 엄격히 통제하였다. 하지만 1980년대 이후 정보통신기술의 발달과 함께 세계적으로 금융부문이 크게 성장하면서 '금융자본주의'는 현대 경제의 특징을 나타내는 개념으로 새롭게 강조되었다. 이에 따라 세계적으로 자본의 이동과 금융시장의 통합이 확대되었으며, 금융에 대한 정부의 규제가 완화되면서 경제에서 금융부문이 차지하는 비중이 크게 높아졌다. 오늘날 세계 경제는 제조업이 아니라 금융부문을 중심으로 작동하고 있어, 우리나라도 1998년의 외환위기를 겪은 후 세계 금융시장에 빠른 속도로 진입하고 자본시장의 규모를 크게 신장시켰다. 그러나 이러한 형태의 금융자본주의의 확대는 사회와 경제의 불안정성을 높이며 다양한 문제를 낳고 있다. 금융자본주의는 외환이나 선물시장의 유동성을 높여 원자재 가격의 폭등이나 외환가치의 변동 등을 초래하고 산업생산에도 심각한 영향을 끼치기도 한다. 이처럼 1980년대 이후의 금융자본주의는 금융과 자본시장을 통합시켜 자본시장의 유동성을 높였지만, 금융부문의 과도한 팽창으로 자본주의의 불안정성을 높이는 요인도 야기시켰다. 이에 새로운 규범과 질서를 모색해야 한다는 문제의식이 활발히 제기되고 있다.
	1) 글꼴은 돋움체, 글자 크기는 11pt
	2) 내용의 첫 줄 33pt 들여쓰기
	3) 줄 간격은 고정 값, 18pt
	4) 한자변환 통제 -> 통제(統制) 모색 -> 모색(摸索)

[보기]	[처리사항]
	3. [보기] ④와 같이 소제목을 입력하시오.
	1) 소제목은 '사모펀드와 헤지펀드'로 입력
	2) 소제목 앞뒤에 '◆' 기호문자 삽입
	3) 글꼴은 궁서체, 글자 크기는 15pt, 글자 색은 기본
	-하양
	4) 글자의 음영은 '기본-검정'으로 지정
	4. [보기] ⑤와 같이 아래의 내용을 입력하시오.
	1) 〈입력 내용〉
	사모펀드는 소수의 투자자로부터 모은 자금을 주
	식, 채권 등에 운용하는 펀드이다.
	헤지펀드는 국제증권 및 외환시장에 투자해 단기
	이익을 올리는 민간 투자기금이다.
	2) 글머리표로 '◆'을 지정
	3) 글꼴은 돋움체, 글자 크기는 11pt
	4) 문단 아래 간격은 11pt
	5. [보기] ⑥과 같이 각주를 작성하시오.
	1) 본문의 '상업은행'와 '투자은행'에 작성하시오.
	2) 각주의 위치는 페이지 아래쪽
	3) 〈각주 입력 내용〉
	상업은행 : 예금을 자금원으로 하여 단기의 대출
	을 하는 것을 원칙으로 하는 은행
	투자은행 : 장기 산업자금의 취급업무를 담당하는
	금융기관
	4) 글꼴은 굴림체, 글자 크기는 9pt
	5) 각주 번호 모양은 'i'로 지정
	6. [보기] ⑦과 같이 주어진 이미지를 이용하여 작성하
	시오.
	1) 주어진 '이미지금융'를 삽입
	2) 이미지의 크기는 너비 40mm, 높이 45mm
	3) 삽입된 이미지의 테두리를 기본-검정, 실선, 2mm
	로 지정
	4) 이미지가 내용의 왼쪽에 위치하도록 지정하고, 바
	깥 여백은 위쪽/아래쪽/왼쪽/오른쪽을 5mm로 지
	정(반드시 그림서식에서 지정할 것)
	7. [보기] ⑧과 같이 하이퍼링크를 다음 요구에 따라 작
	성하시오.
	1) 삽입된 그림 아래 행에 '하이퍼링크'라고 입력
	2) 입력한 '하이퍼링크'에 e-Test 홈페이지를 하이퍼

[보기]	[처리사항]

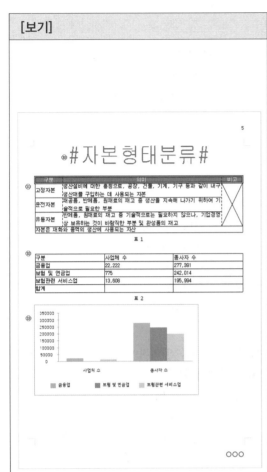

[보기] ⑪을 확대한 그림

구분	의미	비고
고 정 자 본	생산설비에 대한 총칭으로, 공장, 건물, 기계, 기구 등과 같이 내구생산재를 구입하는 데 사용되는 자본	
운 전 자 본	재공품, 반제품, 원재료의 재고 중 생산을 지속해 나가기 위하여 기술적으로 필요한 부분	
유 동 자 본	반제품, 원재료의 재고 중 기술적으로는 필요하지 않으나, 기업경영상 보유하는 것이 바람직한 부분 및 완성품의 재고	
자본은 재화와 용역의 생산에 사용되는 자산		

[처리사항]

링크로 연결

(e-Test 홈페이지 : http://www.e-test.co.kr)

〈표와 차트 작성하기〉
배점 1번(40), 2번(60), 3번(40)

1. [보기] ⑩과 같이 다음 페이지에 글맵시를 이용하여 표제목을 작성하시오.
   1) 표제목은 '# 자본 형태분류 #'로 입력
   2) 글꼴은 굴림체, 글자 내부색은 오피스-파랑
   3) 전체 모양은 ■, 크기는 너비 110mm, 높이 15mm

2. [보기] ⑪과 같이 표를 작성하시오. (5행 3열)
   1) 셀 합치기를 지정하시오.
      – 2행 3열 ~ 4행 3열은 셀 합치기
      – 5행 1열 ~ 5행 3열은 셀 합치기
   2) [보기] ⑪을 확대한 그림을 보고 표 전체의 내용을 입력하고, 글꼴은 돋움체, 글자 크기는 11pt로 지정
   3) 1행 1열 ~ 1행 3열의 글꼴색은 기본-하양, 내부색은 오피스 – 초록, 가로 가운데 정렬로 지정
   4) 합친 2행 3열 ~ 4행 3열은 [보기] ⑪과 같이 양방향 대각선 삽입
   5) 테두리를 아래 조건에 맞게 지정하시오.
      – 1행 1열 ~ 1행 3열의 외곽 테두리선은 [보기] ⑪과 같이 이중 실선
      – 표 전체의 내부 세로선은 [보기] ⑪과 같이 점선
   6) 표 아래 가운데에 '표 1'로 캡션을 지정

3. [보기] ⑫와 같은 표와 [보기] ⑬과 같은 차트를 작성하시오. (그림, 외부개체로 입력되면 감점됨)
   1) [보기] ⑫와 같이 5행 3열 표를 작성하시오.

구분	사업체 수	종사자 수
금융업	22,222	277,391
보험 및 연금업	775	242,014
보험관련 서비스업	13,608	195,994
합계		

   2) 표 전체의 내용을 입력하고, 글꼴은 돋움체, 글자 크기는 11pt로 지정
   3) 표 아래 가운데에 '표 2'로 캡션을 지정

[보기]	[처리사항]

[처리사항]

4) 작성한 표의 5행 2열부터 5행 3열은 표의 수식 입력 기능으로 합계를 구하시오.

5) 1)번에서 작성한 표에서 합계를 제외한 구분, 사업체 수와 종사자 수를 이용하여 [보기] ⑬과 같이 차트를 작성하시오.
   - 차트의 종류 : 묶은 세로 막대형(2차원 세로 막대형)
   - 범례가 나타나도록 지정
   - 차트 크기는 너비 130mm, 높이 70mm
   - 차트 위치는 표의 아래쪽

〈정보검색과 답안 작성하기〉
배점 1번(10), 2번(15), 3번(15)

1. [보기] ⑭와 같이 다음 페이지에 검색한 내용을 다음 요구에 따라 작성하시오.
   1) '정보검색1 [   ] http://———————'
      '정보검색2 [   ] http://———————'
      - [   ] 안에 [정보검색]1과 [정보검색]2의 정답을 차례로 입력
      - 반드시 [   ]와 함께 정보검색 답안을 입력
      - [보기] ⑭와 같이 각각의 입력한 답안 아래에 정답이 있는 화면을 'PrintScreen'키를 이용하여 캡처한 후, 'Ctrl+V'로 답안문서에 붙여넣으시오. (크기는 [보기]와 같이 임의로 조절하시오.)

2. [정보검색]1은 아래 검색 문제로 작성하시오.
   (   )는 환율이 일정 범위 안에서 변동할 경우, 미리 약정한 환율에 약정금액을 팔 수 있도록 한 파생금융상품이다. 영문 첫글자를 따온 말로 환율변동에 따른 위험을 피하기 위한 환해지 상품이다. 환율이 하한과 상한 사이에서 변동하면 기업에게 유리하지만 이익에 비해 손실의 위험성이 훨씬 크다.
   - (   ) 안에 해당하는 내용을 검색하고, 반드시 검색한 내용이 포함된 페이지의 등록정보 URL과 함께 답안문서에 입력하시오.
   - 반드시 영문 약자 4자로 입력하시오.

6

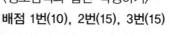
⑭ 정보검색1 [   ] http://—————————————

정보검색2 [   ] http://—————————————

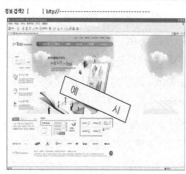

○○○

[보기]	[처리사항]
	3. [정보검색]2는 아래 검색 문제로 작성하시오. ( )채권은 은행이 자본금 확충 또는 자본 조달을 위해 발행하는 신종자본증권이다. 채권처럼 매년 확정이자를 받을 수 있고, 주식처럼 만기가 없으면서도 매매가 가능하며, 주식과 채권의 중간적 성격을 띤다. 우리나라에서는 2003년 4월 처음 도입되었으며 은행의 자본확충 또는 자금조달을 위해 발행된다. – ( ) 안에 해당하는 내용을 검색하고, 반드시 검색한 내용이 포함된 페이지의 등록정보 URL과 함께 답안문서에 입력하시오. – 반드시 한글 5자로 입력하시오.

8회 실전 모의고사

한글 NEO

※ 답안 작성 시 주의사항

- 답안문서 파일명은 응시자의 이름으로 저장하십시오.
- 워드프로세서의 기능들을 이용하여 [처리사항]대로 답안문서를 작성하십시오.
  ([보기]를 참고하시오.)
- 반드시 주어진 이미지 자료를 이용하여 답안문서를 작성하십시오.
  (주어진 이미지 자료 외 다른 자료 이용시 감점 처리됩니다.)
- 워드아트, 표 등을 처리사항에서 지시한 갯수이상 여러 개 작성한 경우 감점 처리됩니다.
- 문제에서 지시하지 않은 사항은 프로그램의 기본 설정 값으로 지정하십시오.

[제공 데이터]

주어진 이미지 자료를 이용하여 답안문서를 작성하시오.

(첨부파일보기 클릭시 이미지 자료 페이지 열림)

[보기]	[처리사항]
⑨④ ② **자전거 사랑** ③ 자전거(bicycle)는 사람의 힘으로 바퀴를 회전(回轉)시켜 움직이는 2륜차를 말한다. 자전거의 발명은 독일(Germany), 프랑스(France), 영국(England), 러시아(Russia) 등의 각국이 원조라고 주장하고 있으나, 최초의 자전거는 어떤 형태를 기준으로 보느냐에 따라 달라진다. 일반적으로는 독일의 카를 폰 드라이스가 발명한 드라이지네(1816년 ~ 1818년)를 자전거의 원조로 삼는 문헌(document)이 많으나 방향조정이 불능인 2륜차에서는 프랑스의 콩트 드 시브락의 셀레리페르(1970년)가 먼저 개발되었다고 할 수 있다. 또 방향조정이 가능한 것에서는 드라이지네보다 프랑스의 사진 발명가 조셉 니에프스가 고안(考案)한 2륜차가 조금 먼저 발명된 것으로 보기도 하는데, 이는 전혀 별개인 장소에서 거의 동시에 매우 닮은 구조의 2륜차가 발명되었기 때문이다. 이 후 파리에서 발길이와 앞바퀴를 직접 올리는 피에르 미쇼의 벨로시페드(1861년)가 개발되어 현대 자전거의 기틀이 되었으며, 1910년대에 이르러서 오늘날과 같은 기본적 형태를 갖춘 자전거가 보편화 되었다. 우리나라에서 자전거가 언제 처음으로 사용되었는지 확실한 기록(record)이 없지만 20세기를 전후한 개화시대일 것이라고 추측하고 있으며, 서양인 선교사나 개화파 인사들이 처음 들여왔을 것으로 보고 있다. 우리나라에서의 자전거 제조는 제2차 세계대전 이전에 수리를 위한 부품 생산에서 시작되었으며, 1950년대 후반에 이르러 파이프(pipe) 생산과 함께 본격화 되었다. ④ ▶ **자전거 이용 활성화** ⑦ ◆ 벨리브는 프랑스의 파리에서 2007년 7월부터 운영하고 있는 무인 자전거 대여 서비스 제도이다. ◆ 우리나라는 1995년 자전거 이용자의 안전과 편의를 위해 자전거 이용 활성화에 관한 법률을 제정하였다. ⑥ 하이퍼링크 ⑩ 생산시 : 그리스로마의 배술을 닮은, 중심에서 이르는 실수 또는 목사를 말함. 시 피이프 : 해이 있고 기름기가 긴 현으로를 주물 기체, 액체, 분체의 수송에 사용함. ⑪ ○○○	〈용지 설정 지정하기〉 **배점 1번(8), 2번(12), 3번(16)** 1. 페이지 설정은 A4로, 여백은 위쪽, 아래쪽 23mm, 왼쪽, 오른쪽 21mm로 지정하시오. 2. [보기] ①과 같이 머리말/꼬리말 기능을 이용하여 작성하시오. 　1) 모든 쪽의 하단 오른쪽에 '○○○(응시자 본인의 이름)'을 입력하시오. 　2) 글꼴은 굴림체, 글자 크기는 13pt 3. [보기] ⑨와 같이 모든 쪽의 상단 오른쪽에 페이지(쪽) 번호를 입력하시오. 　1) 페이지 시작번호는 '4'로 지정 　2) 페이지 추가시 자동으로 입력 〈자료 입력과 서식 지정하기〉 **배점 1번(16), 2번(48), 3번(16), 4번(24), 5번(20), 6번(40), 7번(20)** 1. [보기] ②와 같이 글상자를 이용하여 제목을 작성하

158 <<< 도전 한글 NEO

[보기]	[처리사항]
	시오.
	1) 제목은 '자전거 사랑'으로 입력
	2) 글꼴은 궁서체, 글자 크기는 32pt, 글자 색은 기본-하양, 장평은 110%, 가로 가운데 정렬
	3) 글상자의 내부색은 오피스-초록, 외곽선은 실선으로 지정하고, 선 색은 오피스-파랑, 선 굵기 0.4mm
	2. [보기] ③과 같이 아래의 내용을 입력하시오.
	자전거(bicycle)는 사람의 힘으로 바퀴를 회전시켜 움직이는 2륜차를 말한다. 자전거의 발명은 독일(Germany), 프랑스(France), 영국(England), 러시아(Russia) 등의 각국이 원조라고 주장하고 있으나, 최초의 자전거는 어떤 형태를 기준으로 보느냐에 따라 달라진다. 일반적으로는 독일의 카를 폰 드라이스가 발명한 드라이지네(1816년 ~ 1818년)를 자전거의 원조로 삼는 문헌(document)이 많으나 방향조정이 불능인 2륜차에서는 프랑스의 콩트 드 시브락의 셀레리페르(1970년)가 먼저 개발되었다고 할 수 있다. 또 방향조정이 가능한 것에서는 드라이지네보다 프랑스의 사진 발명가 조셉 니에프스가 고안한 2륜차가 조금 먼저 발명된 것으로 보기도 하는데, 이는 전혀 별개인 장소에서 거의 동시에 매우 닮은 구조의 2륜차가 발명되었기 때문이다. 이 후 파리에서 발걸이로 앞바퀴를 직접 돌리는 피에르 미쇼의 벨로시페드(1861년)가 개발되어 현대 자전거의 기틀이 되었으며, 1910년대에 이르러서 오늘날과 같은 기본적 형태를 갖춘 자전거가 보편화 되었다. 우리나라에서 자전거가 언제 처음으로 사용되었는지 확실한 기록(record)이 없지만 20세기를 전후한 개화시대일 것이라고 추측하고 있으며, 서양의 선교사나 개화파 인사들이 처음 들여왔을 것으로 보고 있다. 우리나라에서의 자전거 제조는 제2차 세계대전 이전에 수리를 위한 부품 생산에서 시작되었으며, 1950년대 후반에 이르러 파이프(pipe) 생산과 함께 본격화 되었다.
	1) 글꼴은 굴림체, 글자 크기는 12pt
	2) 내용의 첫 줄 48pt 들여쓰기
	3) 줄 간격은 고정 값, 18pt

[보기]	[처리사항]
	4) 한자변환
	회전 -〉 회전(回轉)
	고안 -〉 고안(考案)
	3. [보기] ④와 같이 소제목을 입력하시오.
	1) 소제목은 '자전거 이용 활성화'로 입력
	2) 소제목 앞뒤에 '◆' 기호문자 삽입
	3) 글꼴은 궁서체, 글자 크기는 15pt, 글자 색은 기본 -하양
	4) 글자의 음영은 '기본-검정'으로 지정
	4. [보기] ⑤와 같이 아래의 내용을 입력하시오.
	1) 〈입력 내용〉
	벨리브는 프랑스의 파리에서 2007년 7월부터 운영하고 있는 무인 자전거 대여 서비스 제도이다.
	우리나라는 1995년 자전거 이용자의 안전과 편의를 위해 자전거 이용 활성화에 관한 법률을 제정하였다.
	2) 글머리표로 '◆'을 지정
	3) 글꼴은 돋움체, 글자 크기는 12pt
	4) 문단 아래 간격은 12pt
	5. [보기] ⑥과 같이 각주를 작성하시오.
	1) 본문의 '선교사'와 '파이프'에 작성하시오.
	2) 각주의 위치는 페이지 아래쪽
	3) 〈각주 입력 내용〉
	선교사 : 그리스도의 복음을 널리 전하기 위하여 이교국가, 즉 타국에 파견되는 신부 또는 목사를 말함
	파이프 : 속이 빈 가늘고 긴 관으로 주로 기체, 액체, 분체의 수송에 사용됨
	4) 글꼴은 굴림체, 글자 크기는 9pt
	5) 각주 번호 모양은 'i'로 지정
	6. [보기] ⑦과 같이 주어진 이미지를 이용하여 작성하시오.
	1) 주어진 '이미지자전거'를 삽입
	2) 이미지의 크기는 너비 45mm, 높이 35mm
	3) 삽입된 이미지의 테두리를 기본-검정, 실선, 1mm로 지정
	4) 이미지가 내용의 왼쪽에 위치하도록 지정하고, 바깥 여백은 위쪽/아래쪽/왼쪽/오른쪽을 4mm로 지

[보기]	[처리사항]

정(반드시 그림서식에서 지정할 것)

7. [보기] ⑧과 같이 하이퍼링크를 다음 요구에 따라 작성하시오.
   1) 삽입된 그림 아래 행에 '하이퍼링크'라고 입력
   2) 입력한 '하이퍼링크'에 e-Test 홈페이지를 하이퍼링크로 연결
      (e-Test 홈페이지 : http://www.e-test.co.kr)

〈표와 차트 작성하기〉
배점 1번(40), 2번(60), 3번(40)

1. [보기] ⑩과 같이 다음 페이지에 글맵시를 이용하여 표제목을 작성하시오.
   1) 표제목은 '% 자전거 발달 %'로 입력
   2) 글꼴은 굴림체, 글자 내부색은 오피스-파랑
   3) 전체 모양은 ■, 크기는 너비 110mm, 높이 15mm

2. [보기] ⑪과 같이 표를 작성하시오. (5행 6열)
   1) 셀 합치기를 지정하시오.
      – 2행 1열 ~ 5행 1열은 셀 합치기
      – 2행 6열 ~ 5행 6열은 셀 합치기
   2) [보기] ⑪을 확대한 그림을 보고 표 전체의 내용을 입력하고, 글꼴은 굴림체, 글자 크기는 11pt로 지정
   3) 1행 1열 ~ 1행 6열의 글자 색은 기본-하양, 내부색은 오피스-빨강, 가로 가운데 정렬로 지정
   4) 합친 2행 6열 ~ 5행 6열은 [보기] ⑪과 같이 대각선 삽입
   5) 테두리를 아래 조건에 맞게 지정하시오.
      – 1행 1열 ~ 1행 6열의 외곽 테두리선은 [보기] ⑪과 같이 이중 실선
      – 표 전체의 내부 세로선은 [보기] ⑪과 같이 점선
   6) 표 아래 가운데에 '표 1'로 캡션을 지정

3. [보기] ⑫와 같은 표와 [보기] ⑬과 같은 차트를 작성하시오. (그림, 외부개체로 입력되면 감점됨)
   1) [보기] ⑫와 같이 5행 3열 표를 작성하시오.

[보기] ⑪을 확대한 그림

[보기]	[처리사항]

투자현황	2018년	2019년
자전거도로(km)	23,000	23,849
자전거주차장	37,623	34,574
안전표시판	80,760	83,047
합계		

2) 표 전체의 내용을 입력하고, 글꼴은 굴림체, 글자 크기는 11pt로 지정

3) 표 아래 가운데에 '표 2'로 캡션을 지정

4) 작성한 표의 5행 2열과 5행 3열은 표의 수식 입력 기능으로 합계를 구하시오.

5) 1)번에서 작성한 표에서 합계를 제외한 현황과 2018년, 2019년을 이용하여 [보기] ⑬과 같이 차트를 작성하시오.
 - 차트의 종류 : 묶은 세로 막대형(2차원 세로 막대형)
 - 범례가 나타나지 않도록 지정
 - 차트 크기는 너비 100mm, 높이 80mm
 - 차트 위치는 표의 아래쪽

〈정보검색과 답안 작성하기〉
배점 1번(10), 2번(15), 3번(15)

1. [보기] ⑭와 같이 다음 페이지에 검색한 내용을 다음 요구에 따라 작성하시오.
 1) '정보검색1 [   ] http://————————'
  '정보검색2 [   ] http://————————'
  - [   ] 안에 [정보검색]1과 [정보검색]2의 정답을 차례로 입력
  - 반드시 [   ]와 함께 정보검색 답안을 입력
  - [보기] ⑭와 같이 각각의 입력한 답안 아래에 정답이 있는 화면을 'PrintScreen'키를 이용하여 캡처한 후, 'Ctrl+V'로 답안문서에 붙여넣으시오. (크기는 [보기]와 같이 임의로 조절하시오.)

2. [정보검색]1은 아래 검색 문제로 작성하시오.
 자전거가 등장한 뒤, 업체들은 자전거를 홍보하기 위해 자전거 대회를 열었다. 최초의 자전거 경기는 1869년

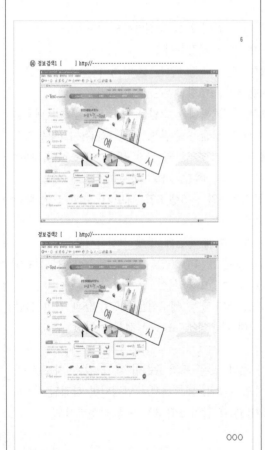

[보기]	[처리사항]
	5월 31일 파리 생 클루공원에서 열린 (　　　)미터 경주였고, 이 대회는 페달형 자전거를 만든 미쇼사가 후원했다. 우승자는 국외에 살던 영국인 제임스 모어로 쇠로 만든 타이어를 쓰는 목재 자전거를 사용하였다. 이 기계는 영국의 캠브리지셔의 일라이에 있는 박물관에 전시되어있다. － (　　) 안에 해당하는 내용을 검색하고, 반드시 검색한 내용이 포함된 페이지의 등록정보 URL과 함께 답안문서에 입력하시오. － 반드시 아라비아 숫자로 입력하시오. 3. [정보검색]2는 아래 검색 문제로 작성하시오. 　경상북도 청송군에 있는 (　　　)은 높이가 933m의 산으로 태양산이라고도 한다. 주왕산국립공원 북쪽에 자리 잡고 있으며 동으로는 대둔산, 서쪽으로는 중대산이 있다. 산 주변을 감싸고 산악자정거 코스가 있어 2008년 10월부터 이곳에서 전국산악자전거 대회가 열리고 있다. 또한 중대산과 방관산을 잇는 산악 마라톤 코스를 개발하여 산악스포츠의 중심지로 발돋움하고 있다. － (　　) 안에 해당하는 내용을 검색하고, 반드시 검색한 내용이 포함된 페이지의 등록정보 URL과 함께 답안문서에 입력하시오. － 반드시 한글 3자로 입력하시오.

실전 모의고사

※ 답안 작성 시 주의사항

- 답안문서 파일명은 응시자의 이름으로 저장하십시오.
- 워드프로세서의 기능들을 이용하여 [처리사항]대로 답안문서를 작성하십시오.
  ([보기]를 참고하시오.)
- 반드시 주어진 이미지 자료를 이용하여 답안문서를 작성하십시오.
  (주어진 이미지 자료 외 다른 자료 이용시 감점 처리됩니다.)
- 워드아트, 표 등을 처리사항에서 지시한 갯수이상 여러 개 작성한 경우 감점 처리됩니다.
- 문제에서 지시하지 않은 사항은 프로그램의 기본 설정 값으로 지정하십시오.

[제공 데이터]

주어진 이미지 자료를 이용하여 답안문서를 작성하시오.

(첨부파일보기 클릭시 이미지 자료 페이지 열림)

[보기]	[처리사항]
	〈용지 설정 지정하기〉 **배점 1번(8), 2번(12), 3번(16)** 1. 페이지 설정은 A4, 여백은 위쪽, 아래쪽 20mm, 왼쪽, 오른쪽 21mm로 지정하시오. 2. [보기] ①과 같이 머리말/꼬리말 기능을 이용하여 작성하시오. 　1) 모든 쪽의 하단 가운데에 '○○○(응시자 본인의 이름)'을 입력하시오. 　2) 글꼴은 돋움체, 글자 크기는 13pt 3. [보기] ⑨와 같이 모든 쪽의 상단 가운데에 페이지(쪽) 번호를 입력하시오. 　1) 페이지 시작번호는 'Ⅵ'로 지정 　2) 페이지 추가시 자동으로 입력 〈자료 입력과 서식 지정하기〉 **배점 1번(16), 2번(48), 3번(16), 4번(24), 5번(20), 6번(40), 7번(20)** 1. [보기] ②와 같이 글상자를 이용하여 제목을 작성하시오.

[보기]	[처리사항]
	1) 제목은 '녹색생활의 실천'으로 입력 2) 글꼴은 궁서체, 글자 크기는 25pt, 글자 색은 기본-하양, 장평은 110%, 가로 가운데 정렬 3) 글상자의 내부색은 오피스-초록, 외곽선은 실선으로 지정하고 선 색은 기본-검정색, 선 굵기 0.4mm 2. [보기] ③과 같이 아래의 내용을 입력하시오. 　녹색생활이란 일상생활 속에서 자원과 에너지(energy)를 현명하고 친환경적으로 이용하여 온실가스 배출을 적게 하고 저탄소 녹색사회를 구현하고자 하는 생활습관(life style)을 말한다. 이를 활성화 시키고자 국민의 참여와 실천을 통해 비산업부문의 온실가스 배출량을 감축하기 위한 범국민 실천운동을 2008년 10월부터 그린스타트(Green Start) 전국 네트워크 출범과 함께 본격적으로 전개하고 있다. 그린스타트는 저탄소 사회구현(Low Carbon, Green Korea)을 위해 일상생활에서 온실가스 줄이기를 실천하는 운동을 말하는데, 우리나라의 온실가스 배출량의 43퍼센트가 가정, 상업, 수송 등 비산업부문에서 배출되고 있어 그린스타트 운동을 통해 산업부문보다 낮은 감축비용으로 즉각적 감축효과를 볼 수 있다. 따라서 녹색생활의 지혜(wisdom)는 가정에서부터 시작되는 것을 알고, 가정에서 할 수 있는 녹색습관을 실천해야 한다. 실천할 수 있는 방법으로는 먼저 실내 온도를 여름엔 26도 이상, 겨울엔 20도 이하로 유지하고, 실내 전등을 절전형 전등으로 교체하기, 가전제품의 플러그(plug) 뽑기, 장바구니 애용하기, 친환경(Environment-friendly) 상품 구매하기 등이 있다. 그 밖에도 직장, 농촌, 건설현장, 캠퍼스, 군부대 등 다양한 곳에서 녹색생활을 실천하고 이를 문화화하여 기후변화(climate change)에 대응하여야 한다. 1) 글꼴은 굴림체, 글자 크기는 12pt 2) 내용의 첫 줄 48pt 들여쓰기 3) 줄 간격은 고정 값, 19pt 4) 한자변환 　출범 -> 出帆(출범) 　절전 -> 節電(절전)

[보기]	[처리사항]

	3. [보기] ④와 같이 소제목을 입력하시오.
	
	  1) 소제목은 '기후변화의 원인'로 입력
	
	  2) 소제목 앞뒤에 '☆' 기호문자 삽입
	
	  3) 글꼴은 궁서체, 글자 크기는 16pt, 글자 색은 기본
	    −하양
	
	  4) 글자의 음영은 '기본−검정'으로 지정
	
	4. [보기] ⑤와 같이 아래의 내용을 입력하시오.
	
	  1) 〈입력 내용〉
	
	    쓰레기를 분해하는 과정에서 메탄 등의 온실가스
	    가 발생하므로 쓰레기 양의 증가는 기후변화의 원
	    인 중에 하나이다.
	
	    '지구의 허파'라 불리는 아마존 산림의 무분별한
	    벌목은 온실가스를 흡수하는 자연의 능력을 줄어
	    들게 만든다.
	
	  2) 글머리표로 '◆'을 지정
	
	  3) 글꼴은 굴림체, 글자 크기는 11pt
	
	  4) 문단 아래 간격은 11pt
	
	5. [보기] ⑥과 같이 각주를 작성하시오.
	
	  1) 본문의 '에너지'와 '네트워크'에 작성하시오.
	
	  2) 각주의 위치는 페이지 아래쪽
	
	  3) 〈각주 입력 내용〉
	
	    에너지 : 물리적인 일을 할 수 있는 능력으로 에너
	    지의 크기는 물체가 할 수 있는 일의 양을 의미함
	    네트워크 : 서로 연결시켜 주는 조직이나 체계를
	    말함
	
	  4) 글꼴은 바탕체, 글자 크기는 9pt
	
	  5) 각주 번호 모양은 'A'로 지정
	
	6. [보기] ⑦과 같이 주어진 이미지를 이용하여 작성하
	  시오.
	
	  1) 주어진 '이미지녹색생활' 를 삽입
	
	  2) 이미지의 크기는 너비 50mm, 높이 45mm
	
	  3) 삽입된 이미지의 테두리를 기본−검정, 실선, 2mm
	    로 지정
	
	  4) 이미지가 내용의 오른쪽에 위치하도록 지정하고,
	    바깥 여백은 위쪽/아래쪽/왼쪽/오른쪽을 3mm로
	    지정(반드시 그림서식에서 지정할 것)
	
	7. [보기] ⑧과 같이 하이퍼링크를 다음 요구에 따라 작
	  성하시오.

[보기]	[처리사항]
	1) 삽입된 그림 아래 행에 '하이퍼링크'라고 입력
	2) 입력한 '하이퍼링크'에 e-Test 홈페이지를 하이퍼링크로 연결
	(e-Test 홈페이지 : http://www.e-test.co.kr)

〈표와 차트 작성하기〉
배점 1번(40), 2번(60), 3번(40)

[보기]

1. [보기] ⑩과 같이 다음 페이지에 글맵시를 이용하여 표제목을 작성하시오.
   1) 표제목은 '@ 기후변화의 영향 @'으로 입력
   2) 글꼴은 궁서체, 글자 내부색은 오피스-파랑
   3) 전체 모양은 ■, 크기는 너비 140mm, 높이 16mm
2. [보기] ⑪과 같이 표를 작성하시오. (6행 3열)
   1) 셀 합치기를 지정하시오.
      - 4행 1열 ~ 6행 1열은 셀 합치기
      - 2행 3열 ~ 6행 3열은 셀 합치기
   2) [보기] ⑪을 확대한 그림을 보고 표 전체의 내용을 입력하고, 글꼴은 돋움체, 글자 크기는 12pt로 지정
   3) 1행 1열 ~ 1행 3열의 글꼴색은 기본-하양, 내부색은 오피스-빨강, 가로 가운데 정렬로 지정
   4) 합친 2행 3열 ~ 6행 3열은 [보기] ⑪과 같이 양방향 대각선 삽입
   5) 테두리를 아래 조건에 맞게 지정하시오.
      - 표 전체의 외곽 테두리선은 [보기] ⑪과 같이 이중 실선
      - 표 전체의 내부 세로선은 [보기] ⑪과 같이 점선
   6) 표 아래 가운데에 '표 1'로 캡션을 지정
3. [보기] ⑫와 같은 표와 [보기] ⑬과 같은 차트를 작성하시오. (그림, 외부개체로 입력되면 감점됨)
   1) [보기] ⑫와 같이 4행 4열 표를 작성하시오.

[보기] ⑪을 확대한 그림

서울의 계절 길이	여름	겨울	합계
1990년대	126	98	
2040년대	135	90	
2090년대	155	54	

[보기]	[처리사항]

2) 표 전체의 내용을 입력하고, 글꼴은 돋움체, 글자 크기는 12pt로 지정

3) 표 아래 가운데에 '표 2'로 캡션을 지정

4) 작성한 표의 2행 4열부터 4행 4열은 표의 수식 입력 기능으로 합계를 구하시오.

5) 1)번에서 작성한 표에서 합계를 제외한 서울의 계절 길이, 여름과 겨울을 이용하여 [보기] ⑬과 같이 차트를 작성하시오.
   - 차트의 종류 : 묶은 세로 막대형(2차원 세로 막대형)
   - 범례가 나타지 않도록 지정
   - 차트 크기는 너비 100mm, 높이 90mm
   - 차트 위치는 표의 아래쪽

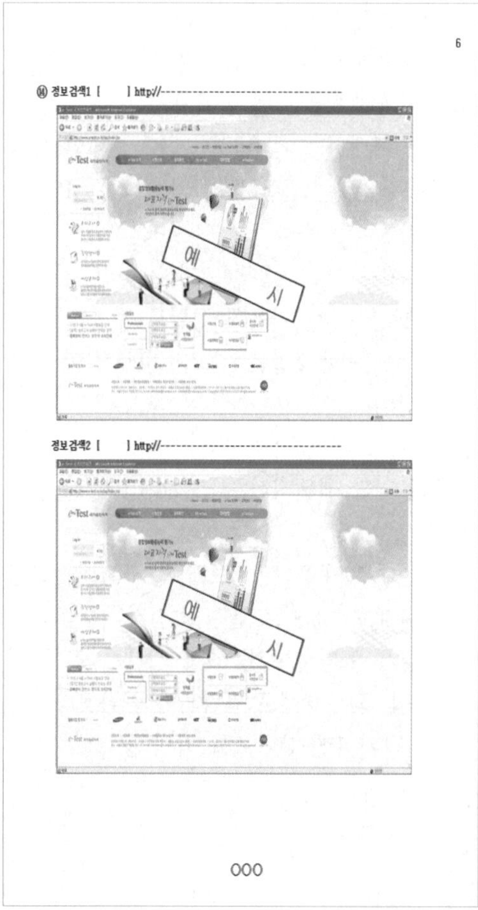

〈정보검색과 답안 작성하기〉

배점 1번(10), 2번(15), 3번(15)

1. [보기] ⑭와 같이 다음 페이지에 검색한 내용을 다음 요구에 따라 작성하시오.
   1) '정보검색1 [ ] http://-------------'
      '정보검색2 [ ] http://-------------'
      - [ ] 안에 [정보검색]1과 [정보검색]2의 정답을 차례로 입력
      - 반드시 [ ]와 함께 정보검색 답안을 입력
      - [보기] ⑭와 같이 각각의 입력한 답안 아래에 정답이 있는 화면을 'PrintScreen'키를 이용하여 캡처한 후, 'Ctrl+V'로 답안문서에 붙여넣으시오. (크기는 [보기]와 같이 임의로 조절하시오.)

2. [정보검색]1은 아래 검색 문제로 작성하시오.
   ( )사업은 교토의정서 12조에 규정된 것으로 선진국인 A국이 개발도상국 B국에 투자하여 발생한 온실가스 배출 감축분을 자국의 감축 실적에 반영할 수 있도록 함으로써 선진국은 효과적인 비용으로 온실가스를 저감하고 개도국은 기술적·경제적 지원을 얻는 제도이다 이러한 사업은 온실가스 감축사업 시행 전·후를 비교하여 추가적인 온실가스 감축 및 환경적 이익이 발생하면서 개도국의 지속가능 발전에 기여

[보기]	[처리사항]
	할 때 승인되고 있다. – ( ) 안에 해당하는 내용을 검색하고, 반드시 검색한 내용이 포함된 페이지의 등록정보 URL과 함께 답안문서에 입력하시오. – 반드시한글 6자로 입력하시오. 3. [정보검색]2는 아래 검색 문제로 작성하시오. 　( )호는 쇄빙연구선으로 2006년부터 건조되기 시작하여 2009년 6월 11일 진수(進水)하였다. 극지 탐사를 수행할 목적으로 2003년부터 타당성 조사화 편익분석이 이루어졌고, 2005년 기본설계와 실시설계를 거쳐 2006년 초부터 건조하기 시작하여 2009년 6월 11일 진수식(進水式)을 열었다. 주요 임무는 남극과 북극의 결빙지역을 포함한 전 세계 대양역에서 전방위, 전천후로 해양연구를 수행하고, 남극의 세종과학기지와 북극의 다산과학기지에 보급 및 그 밖의 연구활동을 수행하는 것이다. – ( ) 안에 해당하는 내용을 검색하고, 반드시 검색한 내용이 포함된 페이지의 등록정보 URL과 함께 답안문서에 입력하시오. – 반드시 한글 3자로 입력하시오.

실전 모의고사

※ **답안 작성 시 주의사항**

- 답안문서 파일명은 응시자의 이름으로 저장하십시오.
- 워드프로세서의 기능들을 이용하여 [처리사항]대로 답안문서를 작성하십시오.
  ([보기]를 참고하시오.)
- 반드시 주어진 이미지 자료를 이용하여 답안문서를 작성하십시오.
  (주어진 이미지 자료 외 다른 자료 이용시 감점 처리됩니다.)
- 워드아트, 표 등을 처리사항에서 지시한 갯수이상 여러 개 작성한 경우 감점 처리됩니다.
- 문제에서 지시하지 않은 사항은 프로그램의 기본 설정 값으로 지정하십시오.

[제공 데이터]

주어진 이미지 자료를 이용하여 답안문서를 작성하시오.

(첨부파일보기 클릭시 이미지 자료 페이지 열림)

[보기]	[처리사항]
	〈용지 설정 지정하기〉 **배점 1번(8), 2번(12), 3번(16)** 1. 페이지 설정은 A4로, 여백은 위쪽, 아래쪽 21mm, 왼쪽, 오른쪽 22mm로 지정하시오. 2. [보기] ①과 같이 머리말/꼬리말 기능을 이용하여 작성하시오. 　1) 모든 쪽의 하단 오른쪽에 '○○○(응시자 본인의 이름)'을 입력하시오. 　2) 글꼴은 궁서체, 글자 크기는 15pt 3. [보기] ⑨와 같이 모든 쪽의 상단 오른쪽에 페이지(쪽) 번호를 입력하시오. 　1) 페이지 시작번호는 '4'로 지정 　2) 페이지 추가시 자동으로 입력 〈자료 입력과 서식 지정하기〉 **배점 1번(16), 2번(48), 3번(16), 4번(24), 5번(20), 6번(40), 7번(20)** 1. [보기] ②와 같이 글상자를 이용하여 제목을 작성하

170 <<< 도전 한글 NEO

[보기]	[처리사항]
	시오.
	1) 제목은 '또 하나의 문화'로 입력
	2) 글꼴은 굴림체, 글자 크기는 35pt, 글자 색은 기본-하양, 장평은 110%, 가로 가운데 정렬
	3) 글상자의 내부색은 오피스-빨강, 외곽선은 실선으로 지정하고, 선 색은 기본-검정, 선 굵기 0.4mm
	2. [보기] ③과 같이 아래의 내용을 입력하시오.
	우리나라의 아이돌(Idol)과 음악(Music), 드라마(Drama)와 영화(Movie) 등 모든 부분에 있어 한류 열풍이 불고 있다. 한류란 무엇인가? 한류의 사전적 의미는 '1990년대 말부터 동남아시아(South-East Asia)에서 일기 시작한 한국 대중문화의 열풍'이라고 정의되어 있다. 1990년 이전에는 '한류'라는 말이 없었다. 그러나 다양한 미디어(Media) 문화가 교류되면서 한류는 시작되었다. '겨울연가(Winter Sonata)'의 일본 진출로 인해 주인공(Hero)이었던 배용준과 최지우, 그리고 박용하는 각각 '욘사마', '지우히메', '욘하짱'이라는 극 존칭어를 얻기도 했다. 또한 해외 공연으로 방문시에 공항에 운집한 팬들로 인해 문제가 야기되었다. 예전에는 가수(Singer)는 음악(Music)만, 연기자는 드라마(Drama)나 영화(Movie)의 분야에서만 활동을 했었으나, 한류의 영향으로 음악(Music), 드라마(Drama) 등 다양한 활동을 하게 된 멀티테이너(Multitainer)로 변모하게 되었다. 한류 열풍의 가장 큰 역할을 한 것은 '겨울연가'와 '대장금'이라고 할 수 있다. 그러나 중국, 일본 등지에서 '반한류', '혐한류'라는 말들이 심심찮게 나오고 있다. 이는 한류에 대한 반작용이며 역풍인 것이다. 이제 우리는 한류를 재점검하고 발전 방향을 모색해야 할 것이다.
	1) 글꼴은 굴림체, 글자 크기는 12pt
	2) 내용의 첫 줄 42pt 들여쓰기
	3) 줄 간격은 고정 값, 18pt
	4) 한자변환
	교류 -> 교류(交流)
	운집 -> 운집(雲集)
	3. [보기] ④와 같이 소제목을 입력하시오.
	1) 소제목은 '대표적인 한류드라마'으로 입력

Part III

실전 모의고사

[보기]	[처리사항]
	2) 소제목 앞뒤에 '※' 기호문자 삽입

<table data continues:>

[보기]	[처리사항]
	2) 소제목 앞뒤에 '※' 기호문자 삽입
	3) 글꼴은 궁서체, 글자 크기는 15pt, 글자 색은 기본 -하양
	4) 글자의 음영은 '기본-검정'으로 지정
	4. [보기] ⑤와 같이 아래의 내용을 입력하시오.
	1) 〈입력 내용〉
	겨울연가는 첫사랑이라는 운명으로 묶인 세 남녀의 이야기로 배용준, 최지우, 박용하가 한류열풍의 중심이 된 KBS 드라마이다.
	남존여비의 봉건적 체제 속에서 궁중 최고의 요리사가 되고, 최고의 의녀가 된 실존인물 대장금은 이영애, 지진희 주연의 역사드라마이다.
	2) 글머리표로 '●'을 지정
	3) 글꼴은 바탕체, 글자 크기는 12pt
	4) 문단 아래 간격은 12pt
	5. [보기] ⑥과 같이 각주를 작성하시오.
	1) 본문의 '아이돌'와 '대중문화'에 작성하시오.
	2) 각주의 위치는 페이지 아래쪽
	3) 〈각주 입력 내용〉
	아이돌 : 본래 우상을 뜻하는 영어로 어원은 그리스어이며 이후 idola로 변천되어 최종적으로 idol로 변천되었다.
	대중문화 : 대중이 형성하는 문화로 생활수준의 향상, 교육의 보급, 매스컴의 발달 따위를 기반으로 이루어진다.
	4) 글꼴은 바탕체, 글자 크기는 9pt
	5) 각주 번호 모양은 'I'로 지정
	6. [보기] ⑦과 같이 주어진 이미지를 이용하여 작성하시오.
	1) 주어진 '이미지문화'를 삽입
	2) 이미지의 크기는 너비 60mm, 높이 45mm
	3) 삽입된 이미지의 테두리를 기본-검정, 실선, 2mm로 지정
	4) 이미지가 내용의 왼쪽에 위치하도록 지정하고, 바깥 여백은 위쪽/아래쪽/왼쪽/오른쪽을 4mm로 지정(반드시 그림서식에서 지정할 것)
	7. [보기] ⑧과 같이 하이퍼링크를 다음 요구에 따라 작성하시오.

[보기]	[처리사항]

[처리사항]

1) 삽입된 그림 아래 행에 '하이퍼링크'라고 입력
2) 입력한 '하이퍼링크'에 e-Test 홈페이지를 하이퍼링크로 연결
   (e-Test 홈페이지 : http://www.e-test.co.kr)

〈표와 차트 작성하기〉
배점 1번(40), 2번(60), 3번(40)

1. [보기] ⑩과 같이 다음 페이지에 글맵시를 이용하여 표제목을 작성하시오.
   1) 표제목은 '◀ 대장금 속 한국 ▶'으로 입력
   2) 글꼴은 굴림체, 글자 내부색은 오피스-빨강
   3) 전체 모양은 ■, 크기는 너비 110mm, 높이 15mm
2. [보기] ⑪과 같이 표를 작성하시오. (4행 3열)
   1) 셀 합치기를 지정하시오.
      - 2행 3열 ~ 3행 3열은 셀 합치기
      - 4행 1열 ~ 4행 3열은 셀 합치기
   2) [보기] ⑪을 확대한 그림을 보고 표 전체의 내용을 입력하고, 글꼴은 돋움체, 글자 크기는 12pt로 지정
   3) 1행 1열 ~ 1행 3열의 글자 색은 기본-하양, 내부색은 오피스-파랑, 가로 가운데 정렬로 지정
   4) 합친 2행 3열 ~ 3행 3열은 [보기] ⑪과 같이 양방향 대각선 삽입
   5) 테두리를 아래 조건에 맞게 지정하시오.
      - 1행 1열 ~ 1행 3열의 외곽 테두리선은 [보기] ⑪과 같이 이중 실선
      - 표 전체의 내부 세로선은 [보기] ⑪과 같이 점선
   6) 표 아래 가운데에 '표 1'로 캡션을 지정
3. [보기] ⑫와 같은 표와 [보기] ⑬과 같은 차트를 작성하시오. (그림, 외부개체로 입력되면 감점됨)
   1) [보기] ⑫와 같이 5행 3열 표를 작성하시오.

한국 여행 목적(서울)	2018년	2019년
여가/위락/휴식	12,269	8,292
교육	484	341
사업	3,622	2,493
합계		

[보기] ⑩을 확대한 그림

직책과 배경	내용	비고
상궁 수랏간	궁중요리의 정보와 조리법을 자연스럽게 소개	
의녀 내의원	민간요법 및 당시 의녀제도를 자막을 통해 소개	
기존 드라마는 위대한 왕이나, 장군, 위인 등 남성중심의 드라마에서 궁중 내 하층민을 대상으로 하여 애환과 갈등을 그린 여성을 주인공으로 한 첫 드라마		

[보기]	[처리사항]

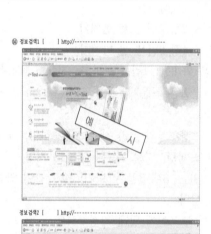
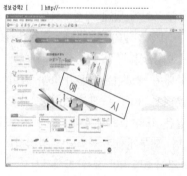
	2) 표 전체의 내용을 입력하고, 글꼴은 돋움체, 글자 크기는 12pt로 지정
	3) 표 아래 가운데에 '표 2'로 캡션을 지정
	4) 작성한 표의 5행 2열과 5행 3열은 표의 수식 입력 기능으로 합계를 구하시오.
	5) 1)번에서 작성한 표에서 합계를 제외한 한국 여행 목적(서울)과 2018년, 2019년을 이용하여 [보기] ⑬과 같이 차트를 작성하시오.
	  − 차트의 종류 : 묶은 세로 막대형(2차원 세로 막대형)
	  − 범례가 나타나지 않도록 지정
	  − 차트 크기는 너비 100mm, 높이 80mm
	  − 차트 위치는 표의 아래쪽
	
	〈정보검색과 답안 작성하기〉
	배점 1번(10), 2번(15), 3번(15)
	
	1. [보기] ⑭와 같이 다음 페이지에 검색한 내용을 다음 요구에 따라 작성하시오.
	  1) '정보검색1 [ ] http://−−−−−−−−−−−−'
	    '정보검색2 [ ] http://−−−−−−−−−−−−'
	    − [ ] 안에 [정보검색]1과 [정보검색]2의 정답을 차례로 입력
	    − 반드시 [ ]와 함께 정보검색 답안을 입력
	    − [보기] ⑭와 같이 각각의 입력한 답안 아래에 정답이 있는 화면을 'PrintScreen'키를 이용하여 캡처한 후, 'Ctrl+V'로 답안문서에 붙여넣으시오. (크기는 [보기]와 같이 임의로 조절하시오.)
	
	2. [정보검색]1은 아래 검색 문제로 작성하시오.
	서울 드라마어워즈는 세계 드라마의 교류를 위해서 한국방송협회 주최, MBC, KBS, SBS, EBS, 방송위원회의 후원으로 진행되는 드라마 관련 시상식이다. 2006년 제 1회를 시작으로, 단편, 장편, 미니시리즈 등의 작품상과 인기상, 연기자상, 연출상 등의 개인상, 작품과 배우에 대한 인기상, 초청작으로 시상을 분류한다. 2020년 대상은 브라질 드라마인 ( )이 수상하였고, '동백꽃 필 무렵'은 국제경쟁부문의 작가상, 여자연기자상에 이어 5관왕에 오르는 기염을 토

[보기]	[처리사항]
	했다. – ( ) 안에 해당하는 내용을 검색하고, 반드시 검색한 내용이 포함된 페이지의 등록정보 URL과 함께 답안문서에 입력하시오. – 반드시 한글 9자로 입력하시오. 3. [정보검색]2는 아래 검색 문제로 작성하시오. ( )의 작자인 이암(李巖, 1499~?)은 영모화와 조화에 뛰어났다고 한다. ( )는 따스한 봄날 꽃나무를 배경으로 하여 세 마리 강아지가 한가롭게 햇볕을 즐기고 있는 장면을 그린 것이다. 굽어진 가지에는 두 마리의 새가 앉아 있는데, 이 새들은 서로 마주보고 있는 것이 아니라, 가지를 향해 날아오는 나비와 벌을 마치 호응하듯 바라보고 있다. 전체적으로 소재나 화면의 구성요소들이 너무나 자연스럽고 조화를 이루며 따스한 봄날의 평화로운 분위기가 보는 이에게 절로 전달되어 온다. 유키오리핏 하버드대 교수가 한국미술사학회 창립 60주년 기념 국제학술대회에서 "16세기 조선 화가 이암의 강아지 그림이 17~18세기 일본 화가들에게 지대한 영향을 미쳤다"는 연구성과를 발표했다. – ( ) 안에 동일하게 해당하는 내용을 검색하고, 반드시 검색한 내용이 포함된 페이지의 등록정보 URL과 함께 답안문서에 입력하시오. – 반드시 한글 5자로 입력하시오.

부록. 정보검색 답안

[01회 실전모의고사]

- **정보검색1 [프랑스]**

  https://terms.naver.com/entry.naver?docId=3568709&cid=59014&categoryId=59014

  https://terms.naver.com/entry.naver?docId=1138062&cid=40942&categoryId=34333

  https://terms.naver.com/entry.naver?docId=1100028&cid=40942&categoryId=31787

  https://terms.naver.com/entry.naver?docId=6029335&cid=67207&categoryId=67210

  https://ko.wikipedia.org/wiki/%EB%B0%B1%EB%85%84_%EC%A0%84%EC%9F%81

- **정보검색2 [삼총사]**

  https://terms.naver.com/entry.naver?docId=1109503&cid=40942&categoryId=33462

  https://ko.wikipedia.org/wiki/%EC%82%BC%EC%B4%9D%EC%82%AC

  https://terms.naver.com/entry.naver?docId=876375&cid=60621&categoryId=60621

  https://terms.naver.com/entry.naver?docId=1385505&cid=42611&categoryId=42611

[02회 실전모의고사]

- **정보검색1 [캐롤라이나 리퍼]**

  https://ko.wikipedia.org/wiki/%EC%BA%90%EB%A1%A4%EB%9D%BC%EC%9D%B4%EB%82%98_%EB%A6%AC%ED%8D%BC

  https://1boon.kakao.com/dailylife/180625_2

  https://terms.naver.com/entry.naver?docId=2807445&cid=40942&categoryId=32106

  https://ko.wikipedia.org/wiki/%ED%8A%B8%EB%A6%AC%EB%8B%88%EB%8B%A4%EB%93%9C_%EC%8A%A4%EC%BD%94%ED%94%BC%EC%96%B8_%EB%B6%80%EC%B9%98_%ED%8B%B0

- **정보검색2 [당조]**

  https://ko.wikipedia.org/wiki/%EB%8B%B9%EC%A1%B0%EA%B3%A0%EC%B6%94

  https://blog.naver.com/lucky6293/221956983252

  https://blog.naver.com/chunhag331/222076124661

[03회 실전모의고사]

• 정보검색1 [빙떡]

http://terms.naver.com/entry.nhn?docId=1240607&cid=40942&categoryId=32130

https://ymsa402.tistory.com/24

https://terms.naver.com/entry.naver?docId=1626571&cid=48179&categoryId=48244

https://terms.naver.com/entry.naver?docId=956027&cid=48169&categoryId=48221

https://namu.wiki/w/%EB%B9%99%EB%96%A1

• 정보검색2 [환해장성]

http://terms.naver.com/entry.nhn?docId=1194287&cid=40942&categoryId=33079

https://www.visitjeju.net/kr/detail/view?contentsid=CNTS_000000000019573

https://ko.wikipedia.org/wiki/%ED%99%98%ED%95%B4%EC%9E%A5%EC%84%B1

https://terms.naver.com/entry.naver?docId=5695804&cid=43667&categoryId=43667

https://academic.naver.com/article.naver?doc_id=753250502

[04회 실전모의고사]

• 정보검색1 [스페이스워]

http://capella.or.kr/zeroboard/view.php?id=sciencenews&no=99

https://ko.wikipedia.org/wiki/%EC%8A%A4%ED%8E%98%EC%9D%B4%EC%8A%A4%EC%9B%8C!

https://namu.wiki/w/%EC%8A%A4%ED%8E%98%EC%9D%B4%EC%8A%A4%EC%9B%8C!

• 정보검색2 [4차 산업혁명]

https://terms.naver.com/entry.naver?docId=3548884&cid=42346&categoryId=42346

https://terms.naver.com/entry.naver?docId=3377297&cid=43667&categoryId=43667

https://m.post.naver.com/viewer/postView.nhn?volumeNo=7441554&memberNo=36645352

[05회 실전모의고사]

• 정보검색1 [천수만]

https://blog.daum.net/e-chungnam/6672

https://terms.naver.com/entry.naver?docId=1146204&cid=40942&categoryId=37404

https://terms.naver.com/entry.naver?docId=1146204&cid=40942&categoryId=37404

https://ko.wikipedia.org/wiki/%EC%B2%9C%EC%88%98%EB%A7%8C

https://korean.visitkorea.or.kr/detail/ms_detail.do?cotid=ef5ebea9-d3aa-43cf-9920-cfe8e5621726

- 정보검색2 [점봉산]

  http://www.doctorstimes.com/news/articleView.html?idxno=12294

  https://terms.naver.com/entry.naver?docId=948035&cid=42865&categoryId=42865

  https://terms.naver.com/entry.naver?docId=546766&cid=46617&categoryId=46617

  https://terms.naver.com/entry.naver?docId=1998249&cid=42856&categoryId=42856

[06회 실전모의고사]

- 정보검색1 [빅데이터]

  https://www.k2base.re.kr/k2bbs/pds25/view.do?recordCountPerPage=10&pageUnit=10&pageSize=10&pageIndex=3&nttId=13356&nttId2=173628&menuNo=&tempInt=269&vStartP=371&schScale=IN2_TITLE%2FCONTENT%2FFILE&searchCont=

  https://ko.wikipedia.org/wiki/%EB%B9%85_%EB%8D%B0%EC%9D%B4%ED%84%B0

  https://terms.naver.com/entry.naver?docId=1691554&cid=42171&categoryId=42183

  https://terms.naver.com/entry.naver?docId=3386304&cid=58370&categoryId=58370

- 정보검색2 [권기옥]

  https://terms.naver.com/entry.naver?docId=1217594&mobile&cid=40942&categoryId=39727

  https://ko.wikipedia.org/wiki/%EA%B6%8C%EA%B8%B0%EC%98%A5

  https://terms.naver.com/entry.naver?docId=3569924&cid=59011&categoryId=59011

  https://terms.naver.com/entry.naver?docId=5943497&cid=43667&categoryId=43667

  http://www.hani.co.kr/arti/culture/book/704435.html

[07회 실전모의고사]

- 정보검색1 [KIKO]

  https://terms.naver.com/entry.naver?docId=1287549&cid=40942&categoryId=31825

  https://terms.naver.com/entry.naver?docId=930822&cid=43667&categoryId=43667

  https://terms.naver.com/entry.naver?docId=301147&cid=43665&categoryId=43665

  https://namu.wiki/w/KIKO

  https://ko.wikipedia.org/wiki/KIKO

- 정보검색2 [하이브리드]

  https://www.ktb.co.kr/iktb/iktb.jspx?cmd=view&catg=A01003&bbId=FEED&bbSeq=24074&totCount=73
  &rn=1

  https://terms.naver.com/entry.naver?docId=1222025&cid=40942&categoryId=31830

  https://terms.naver.com/entry.naver?docId=11601&cid=43659&categoryId=43659

[08회 실전모의고사]

- 정보검색1 [1200]

  https://terms.naver.com/entry.naver?docId=3397216&cid=58386&categoryId=58386&anchorTarget=TAB
  LE_OF_CONTENT4#TABLE_OF_CONTENT4

  https://ko.wikipedia.org/wiki/%EC%9E%90%EC%A0%84%EA%B1%B0_%EA%B2%BD%EA%B8%B0

- 정보검색2 [태행산]

  https://terms.naver.com/entry.naver?docId=1311772&cid=40942&categoryId=37713

  https://terms.naver.com/entry.naver?docId=5735673&cid=63640&categoryId=63719

  http://www.koreasanha.net/san/taeyangsan_kbchs.htm

  https://terms.naver.com/entry.naver?docId=1984582&cid=43740&categoryId=44171

[09회 실전모의고사]

- 정보검색1 [청정개발체제]

  http://terms.naver.com/entry.nhn?docId=1982571&cid=47340&categoryId=47340

  https://blog.naver.com/bec5483/140009667708

  http://www.agendanet.co.kr/zb41pl7/bbs/view.php?id=reg_sub2&no=21

  https://www.khnp.co.kr/content/121/main.do

  https://blog.naver.com/i_love_khnp/221565854042

- 정보검색2 [아라온]

  https://blog.naver.com/ulsan-port/221750894036

  https://ko.wikipedia.org/wiki/%EC%95%84%EB%9D%BC%EC%98%A8

  https://namu.wiki/w/%EC%95%84%EB%9D%BC%EC%98%A8%ED%98%B8

• **정보검색1 [오펀스 오브 어 네이션]**

http://www.stardailynews.co.kr/news/articleView.html?idxno=281078

http://news.kmib.co.kr/article/view.asp?arcid=0015014090

https://blog.naver.com/tark1019/222090724901

https://newsis.com/view/?id=NISX20200915_0001167046&cID=10601&pID=10600

http://zine.istyle24.com/Star/StarView.aspx?Idx=50332&Menu=4&_C_=23069

• **정보검색1 [화조구자도]**

http://www.ggilbo.com/news/articleView.html?idxno=790237

https://blog.naver.com/siniljang21/222281826003

https://www.chosun.com/culture-life/culture_general/2021/03/20/3ZYTEARVM5ESLKKTIJX3BI2L4I/?utm_source=naver&utm_medium=referral&utm_campaign=naver-news

https://terms.naver.com/entry.naver?docId=572296&cid=46660&categoryId=46660

https://terms.naver.com/entry.naver?docId=1212581&cid=40942&categoryId=33052

| 약력

임창인
- 대덕대학교 컴퓨터공학과 겸임교수
- e-Test Professionals 자격시험 전문위원(전)
- (주)지토 교육팀 팀장
- e-Test Professionals 파워포인트/엑셀/한글 2010 집필
- 한솔아카데미 e-Test 책임교수

이권일
- 대덕대학교 컴퓨터소프트웨어학과 교수
- 충남대학교 이학박사
- 정보처리기술사

성대근
- 한국교육평가진흥원 대표이사
- (사)한국창의인성교육연구원 대구/경북 센터장
- NCS consultant 전문가 2기 평가위원
- 한솔아카데미 e-Test 책임교수

강현권
- 동강대학교 교수
- 세종사이버대 외래교수
- 한국교육문화진흥원 원장
- 한국창의인성교육원 군사업 본부장
- 한솔아카데미 e-Test 책임교수

e-Test
한글 ver.2016(NEO)

제1판 1쇄 인쇄 2025년 1월 8일

발행처 (주)한솔아카데미
지은이 임창인, 이권일, 성대근, 강현권
발행인 이종권

홈페이지 www.bestbook.co.kr
대표전화 02)575-6144
등록 1998년 2월 19일(제16-1608호)

ISBN 979-11-6654-541-2 13000
정가 15,000원